市場先生的下一步
Next Step of Mr. Market
透析金融底色，翻轉投資法則——股海修煉100課

老衲 —— 著

序：
曾經，連續一百天錄了一百首的歌

老衲年輕的時候，人瘋瘋的。

那時喜歡一個女孩子，找來那種舊式卡帶機與一把吉他自彈自唱，天天錄音，錄滿再換卡帶，最後足足錄了一百首歌送給她聽。

那時很單純，卡帶打開就是講當天與她發生的一些瑣事，還有自己的一些小小的心情，最後找一首歌詞達意符合當下心境的歌曲開始彈唱。

那時就覺得，一百，要錄滿一百首歌，才算誠意。

研究了股市幾十年，今年（2024年）總算覺得在理論與實際操作上，達到自認為能夠拿得出手的程度；忍不住寫下一百篇，篇篇不同的市場心法來分享給讀者。

很多心法，都是要不斷不斷提醒自己注意的。

好比巴菲特說過，卡內基的社交心法，不是看書就能學會，而是需要不斷不斷提醒自己、落實在生活中的每一個細節，才可以內化；投資當然也是這樣，心法寫出來，是需要不斷、不斷提醒自己，並按照其中的準則去操作，才能夠真正獲益與獲利。

所以某種程度上，這本書也算是一本投資的心法工具書，希望讀者在做任何關於市場的操作時，都能夠翻開此書，提醒自己不能違背市場的規律，不能掉入市場的陷阱，久而久之將

這一百篇心法內化成你在市場上的本能潛意識框架,必能助你趨吉避凶。

年紀越大越感覺,賺錢的能力十分重要;這次抖出壓箱寶,告訴你老衲如何在股市中年年穩定提款,若你能從中得益一二,記得遇到俺時,請老衲吃頓好的。

祝好運。

CONTENTS

序：曾經，連續一百天錄了一百首的歌   3

市場先生的下一步 1	市場先生想要讓你知道他的下一步	11
市場先生的下一步 2	要搞懂經濟學，先忘掉經濟學名詞	13
市場先生的下一步 3	錢越多，你越窮	17
市場先生的下一步 4	一瀉千里的日圓	20
市場先生的下一步 5	投資中的少林、武當，與獨孤九劍	23
市場先生的下一步 6	不應該依賴預測股市的漲跌來賺錢	27
市場先生的下一步 7	反過來想：消息面的題材炒作	30
市場先生的下一步 8	票多的贏！	34
市場先生的下一步 9	股票的定價組成	37
市場先生的下一步 10	成長型投資與價值型投資，都需要一個 Trigger	42
市場先生的下一步 11	分階段	45
市場先生的下一步 12	巴菲特應該滿喜歡做愛	47
市場先生的下一步 13	好人為什麼賺不到錢	49
市場先生的下一步 14	再談股票與做愛的關係	52
市場先生的下一步 15	如果巴西下雨，就買星巴克股票	54
市場先生的下一步 16	買進前就要先想好倒貨的話術	57
市場先生的下一步 17	對的方法短期未必能賺錢，錯誤的方法長期也未必會虧錢	59
市場先生的下一步 18	賣賣股票需要膽子很大嗎？	61
市場先生的下一步 19	兩個投資的基本功	63

CONTENTS

市場先生的下一步 20	如何看看報紙就賺大錢？	65
市場先生的下一步 21	鑑往知來可以賺大錢	67
市場先生的下一步 22	猜不中漲跌，但可以種下種子	69
市場先生的下一步 23	看市場（規模），不要看產品（優劣）	72
市場先生的下一步 24	說說 credit 這檔事	75
市場先生的下一步 25	將股市想像成一座大賭場	78
市場先生的下一步 26	崩盤的徵兆	81
市場先生的下一步 27	現金就是空氣	83
市場先生的下一步 28	「九陽神功」與「乾坤大挪移」	84
市場先生的下一步 29	會買比會賣重要太多	88
市場先生的下一步 30	買股票不必太關注企業估值	90
市場先生的下一步 31	買賣股票就是 Timing、Timing、Timing！	91
市場先生的下一步 32	資金大小、玩法不同	93
市場先生的下一步 33	百分之一的人賺錢，所以要用百分之一的人才知道的方法	95
市場先生的下一步 34	三條內線的故事	97
市場先生的下一步 35	翻桌率的再思考	100
市場先生的下一步 36	讓對方先說完話，再說話。	102
市場先生的下一步 37	用大盤的情緒做加減碼	104
市場先生的下一步 38	技術線圖中唯一可以相信的一種	107
市場先生的下一步 39	注意遊戲規則	109
市場先生的下一步 40	不要用數字定錨	113

CONTENTS

市場先生的下一步 41	Own Business	116
市場先生的下一步 42	一千發子彈的彈匣	118
市場先生的下一步 43	如果國家是一間企業	122
市場先生的下一步 44	股市就是一個大型老鼠會	125
市場先生的下一步 45	兩種人推薦的股票不能碰	128
市場先生的下一步 46	被錢推著走	130
市場先生的下一步 47	如果性交易合法化，嫖資會漲、還是會跌？	133
市場先生的下一步 48	人要通才，企業要專才	136
市場先生的下一步 49	飛彈打來，房價真的會降嗎？	138
市場先生的下一步 50	股市是修心的道場	141
市場先生的下一步 51	碳權，值得投資嗎？	143
市場先生的下一步 52	買股的季節	151
市場先生的下一步 53	索羅斯的《金融煉金術》到底在講什麼？	152
市場先生的下一步 54	題材比內容重要	155
市場先生的下一步 55	情緒也是成本	157
市場先生的下一步 56	等公車，不追價	159
市場先生的下一步 57	品牌就是讓人說嘴的談資	161
市場先生的下一步 58	處女選股法	163
市場先生的下一步 59	該怎麼樣花錢？	166
市場先生的下一步 60	天天都是合理價與結算價	169
市場先生的下一步 61	產品、市場、與未來性	172

CONTENTS

市場先生的下一步 62	已知事實對股票漲跌不構成影響	176
市場先生的下一步 63	炒股是一個想像力的鍛鍊	178
市場先生的下一步 64	從乘數效果看新青安貸款的好壞	179
市場先生的下一步 65	賺大錢的方法	183
市場先生的下一步 66	賣的東西不一樣	186
市場先生的下一步 67	股份公司與合夥人企業	188
市場先生的下一步 68	葛拉漢的價值投資法在當代的思考	191
市場先生的下一步 69	要相信自己：能讓獲利奔跑	194
市場先生的下一步 70	對手是誰？	196
市場先生的下一步 71	不要想著「長期」投資	198
市場先生的下一步 72	跟著政治走	200
市場先生的下一步 73	無非就是產品與服務	202
市場先生的下一步 74	人礦是資產的話，貨幣就是股票	203
市場先生的下一步 75	諸葛亮為何先打孟獲？	205
市場先生的下一步 76	結構性轉變	208
市場先生的下一步 77	三七開對應科斯托蘭尼的蛋	210
市場先生的下一步 78	經驗是最好的老師	212
市場先生的下一步 79	賭博、投機，與投資的定義。	214
市場先生的下一步 80	換位思考	215
市場先生的下一步 81	說說 Margin 這個字	217
市場先生的下一步 82	股價會持續上漲的信心何來？	219
市場先生的下一步 83	要有口袋名單才不會追價	221
市場先生的下一步 84	品牌與代工的差別	223

CONTENTS

市場先生的下一步 85	基本面分析的三個維度	225
市場先生的下一步 86	打造只贏不輸的策略	226
市場先生的下一步 87	體感溫度與崩盤的幅度	228
市場先生的下一步 88	價值蓄水池	230
市場先生的下一步 89	股價低於淨值是常態	232
市場先生的下一步 90	景氣是貨幣在跳舞	234
市場先生的下一步 91	觀察背後的板塊	236
市場先生的下一步 92	來回炒是好策略嗎？	238
市場先生的下一步 93	多休息與多做夢	240
市場先生的下一步 94	選美	241
市場先生的下一步 95	停利停損與超漲超跌	243
市場先生的下一步 96	多讀歷史商業公司傳記小說	245
市場先生的下一步 97	觀察領頭羊	247
市場先生的下一步 98	運氣也是實力的一部份	249
市場先生的下一步 99	謙卑、謙卑、再謙卑！ 修正、修正、再修正！	250
市場先生的下一步 100	輕舟已過萬重山	252

附錄　四篇小說

用現代筆法重寫三國演義	257
反過來寫的西遊記	260
水滸傳的真正結局	265
最短的小說	274

市場先生的下一步 1

市場先生想要讓你知道他的下一步

　　股市就是世界上最大的合法賭場。只是，坐在你對面與你對賭的莊家，你看不到他的長相。

　　雖然看不到長相，不過歷史上有很多人都幫他取過名字：Adam Smith 叫他「看不見的手」，Burton Malkiel 叫他「大盤」，Warren Buffett 叫他「市場先生」。

　　總之就是有這麼一個人。

　　而且，這麼人的思考非常奇特。他為了贏得你身上的錢，最常用的一招，就是「八奇思考領域」中說的：「讓你知道他的下一步」。

　　無論他的策略包裝成什麼樣子，他的核心思維都是：「讓你知道他的下一步」。

　　比如說 1929 年，他贏光美國華爾街所有投資人的錢，因為當時美國所有的投資人，包含那個發明費雪效應（Fisher Effect）的大經濟學家Irving Fisher，都認為美國股市會進入一個「永恆的高峰」，於是所有人都把身家拿出來押注，於是輸光。

　　市場先生，也就是那位「看不見的手」、「大盤」、「股市莊家」，他讓你知道他的下一步，然後痛宰你。

　　這種故事一再發生，比如 1989 年的東京交易所，又比如 2000 年的 .com 泡沫，都是相同的手法；當所有人都開始確定

知道「市場先生」的下一步一定是進入一段高原的飛漲期，「市場先生」就能夠贏走你身上所有的錢。

當然，不只是大崩盤等級的血洗，一些小商品也是這樣的；比如 2023 年的美債產品，或者是 2024 年的高股息 ETF，都再再告訴你：「下一步你就可以安心領錢分利息」，讓你知道他的下一步，然後，你就會乖乖把錢押注上去。

市場先生會讓你忘記：所有的投資市場，所有的股市債市，其實都是一種賭場。

而賭場莊家的最佳策略，就是「讓你知道他的下一步」。

讓你覺得很安心，所以你就會把錢掏出來。

有一句流行話是這麼說的：「所有的送分題都是在抽智商稅」，翻譯過來就是：「天下沒有白吃的午餐」。如果在市場上發現一個特別容易賺錢的機會，最好想一想：如果這麼容易，為什麼別人沒想到？是不是那個賭場莊家的圈套？

Howard Marks 說的 Second Level Thinking Skill（第二層思維），也是這個意思。

「開蛋塔店會賺錢」，所以「去開蛋塔店」，這是第一層思維；但第二層思維就是：如果所有人都知道「開蛋塔店會賺錢」，會怎麼樣？

「開蛋塔店會賺錢」，其實就是「市場先生」想要讓你知道的「下一步」。

「擦鞋童理論」意思也差不多，「擦鞋童」告訴你的消息，就是「市場先生」要讓你知道的「下一步」。

想通這點，才算是真正在投資世界裏上了牌桌。

市場先生的下一步 2

要搞懂經濟學，先忘掉經濟學名詞

　　一般來說，想要投資，要先搞懂經濟學原理；不過實務上常常會見到的狀況是：當一個人開始去細讀經濟學，就把腦袋給讀死僵化，反向常常在投資路上以慘賠收場。

　　為什麼呢？其實很簡單，因為經濟學的許多名詞不說人話，你光是要搞懂它的真實含義，就已經用掉絕大多數的思考迴路，又怎麼樣能夠應用這些經濟學概念來幫助你賺錢呢？

　　比如說「流動性陷阱」。

　　「流動性陷阱」，經濟學教科書上會告訴你，這需要使用IS-LM 模型來推導，也就是投資－儲蓄／流動性偏好－貨幣供給模型，如果LM線在Y軸上向右移動的時候，IS 的斜率與交點就會……

　　——是不是開始看不懂？這就是經濟學名詞的威力，講一大堆似乎很專業的術語，讓你暈頭轉向，但與現實生活幾乎無法掛鉤。

　　其實「流動性陷阱」，這個經濟學的概念用五個字就可以講完，那就是「有錢不敢花」。

　　所以大家都會說「流動性陷阱」，是日本 1990 年代泡沫化以後陷入通縮，而且無論政府如何刺激經濟，景氣都無法復原的那種狀態——這種狀態是什麼狀態？就是「有錢不敢花」。

很多人最近開始唱衰中國，用各種經濟模型與經濟術語來支撐推論，說中國在 2020 大疫情時代之後，房市走低，股市下跌，像極了日本 1990 年代泡沫化之後陷入「流動性陷阱」的樣子，所以中國也會陷入「流動性陷阱」的黑洞云云。

其實中國會不會陷入「流動性陷阱」這題，用常識就能判斷。以中國人的民族性與政府機構的組成來說，幾乎是不太可能陷入「有錢不敢花」的狀態，當然也不可能掉入經濟學家說的「流動性陷阱」。

這根本不需要什麼 IS-LM 模型，這是用常識就可以理解的東西，可是經濟學教科書偏偏要搞的如此複雜。

還有另外一個很經典的經濟學名詞，叫做「蒙代爾的不可能三角」（Mundellian Trilemma），如果按照經濟學教科書來說，這不可能三角的意思是：『一個國家不可能同時完成下列三項：資本自由進出、固定匯率、與獨立自主的貨幣政策。』

有沒有開始感覺到這種知識的傲慢與隔閡？

什麼叫做資本？什麼叫做固定匯率？又什麼叫做貨幣政策甚至是獨立自主的貨幣政策？

老衲當年讀經濟學的時候，看到這段不可能三角，心中連罵數十聲『去你姥姥的』，獨立自主的女人俺曉得，獨立自主的貨幣政策是個啥子？

其實這個理論翻譯成白話，就很好理解；就是「一個國家不可能同時擁有以下三項權力：讓錢自由進出、維持控制本國鈔票的內在價值，與隨意印（本國）鈔票。」

以美國來說，就是抓頭尾兩項：美國可以讓錢自由進出，也可以隨意印鈔票；可是美國政府不能維持控制美鈔的內在價值，所以美金匯率才會常常高高低低。

若以中國來說，就是抓後兩項：中國可以按自己的意思控制人民幣的內在價值，也可以隨意印鈔票，所以中國政府不能讓錢自由進出中國。

當然也有像香港這種，小船（港元）掛大船（美金）的做法；港元因為需要掛鉤美金（等於需要能夠維持控制港元的內在價值），而又要讓錢可以自由進出投資香港（一般情況下，錢若不能自由進出，人家也不敢來投資），所以港元放棄了「可以隨意印鈔票」的這項權力。

發現了嗎？其實經濟學都是一些很簡單的常識，可是經濟學家偏偏要把這門學問繁複化，讓一般的民眾完全看不懂。

這有什麼好處呢？或許就是可以幫助邪惡的政府去做一些讓富豪更有錢，更能掠奪平民手中資產的事情吧？

比如說美國這幾年的 QE 與升息，全世界的普通民眾大多只關心到美帝的升息，卻很少有人關注到 QE 對普通老百姓的傷害與對富豪的滋養。

其實升息不升息，對普通人來說影響真的沒有那麼大；不過 QE 就真的影響極巨，甚至快到了美國政府無法收拾的地步。

QE 用白話來說，就是美國政府印了一大票錢，塞進富豪手下的各大財團、財閥，或者世界上具規模的金融控股集團手中，換取之前這些機構中擁有的美債。

這看起來似乎是一個等價交易，但事實上並非如此；因為原來富豪們手中的美債，可能要十年、二十年、甚至三十年才到期，可是現在忽然美國政府印一大堆美金出來將這些美債贖回去，暫時放在美國政府那邊的某機構保管。

仔細想想這個狀況，美債並沒有被消滅，只是暫時收回去

存放;可是市場上忽然多了數以兆計的美金,而且都是在這些頂級富豪所掌握的超級財團財閥手中,會發生什麼事情呢?

這是非常現實與殘酷的一件事情,簡直不敢深想,因為檯面上沒有人敢去指責這樣的政府,因為大家都被政府官員、還有經濟學家所發明出來的名詞,給搞得暈頭轉向,又怎麼能看見世界頂端金錢運行的真相呢?

對了,最後忽然想到:英語中的「一般」general 是個很有趣的詞,當年提出「流動性陷阱」的那本書便叫做《一般理論》(The General Theory),其實這個「一般」的含義並不「一般」,這詞指的意思是說「歸納總結以後提出一個可以適應各種情境」的意思。

老衲當年研究福建鶴拳與日本空手道之間的關係時,後來得出一個結論,那就是:日本的空手道是將福建鶴拳給「一般化」Generalize;原來的福建鶴拳比較偏向一種特定的搏殺技術,傳入日本以後,與日本的禪道觀念相結合,更強調的是行住坐臥中對於武道的不離心與不動心。

一家之言,隨便說說,大家也隨便看看就好。

市場先生的下一步 3 ——

錢越多，你越窮

發現很多人對於「通貨膨脹」，也就是「通膨」（在中國則簡稱為通脹）的概念，並不是很了解，值得來再說一說。

說通膨之前，先說一個簡單的經濟學定理，就是「東西越多，越不值錢」；比如說大學生多了，大學生就不值錢，又比如說整型美女多了，整型美女就會越來越不值錢。

所以《無間道》中的劉德華才會說：「限量是殘酷的」，意思就是：東西一少，你想買也買不起，是以殘酷。

這個定理放在任何一件事情都是這樣的。餐廳是，所以米其林餐廳又少又貴；機票也是，所以頭等艙的座位又少又貴；甚至買條狗也是這樣的，若只是買條貴賓犬、柴犬，那沒多少錢，如果是想買條法老王獵犬、或者是藏獒，那價錢可能就是好幾倍甚至十幾倍。

同樣的東西放在鈔票上也是如此。

當政府發行的鈔票越多，你手中的鈔票越不值錢。

有實例嗎？有。

以台灣政府來說，西元 2008 年初時，發行貨幣的數量大約是 9,646 億，而今年也就是 2024 年初公布的台幣發行數量是 3 兆又 8,753 億。

這十八年，相當於楊過等待小龍女的時間，台灣政府已經發行了原來四倍多的台幣數量；你自己感覺看看以當下的物

價相比十六年前,你覺得以一萬元新台幣的購買能力,是變高了?還是變低了?

《莊子》中有句話叫做「竊鉤者誅,竊國者諸侯」,意思是偷一點小東西的人拉去坐牢槍斃,如果偷了整個國家,那就是諸侯或者王公貴族。

政府偷了你的錢,你還為政府叫好,嗯,《莊子》還真是不過時。

當然老衲以上的分析,如果對經濟學一知半解的人就會反駁道:不是這樣,台灣發行的貨幣數量,是取決於它的外匯存底與黃金儲備量來算的,所以台灣政府賺越多錢(貿易順差),外匯存底越高,自然就可以發行更多新台幣。

這麼說表面上看起來似乎很有道理,但其實又是一個經濟學家聯手幫政府擦屁股的坑。

如果把台灣政府想成是一家公司,那我們可以帶入資產負債表的理論。

在資產負債表中,每一家公司,都可以分為左邊的「資產」,與右上的「負債」及右下的「股本」,而左邊與右邊永遠必須衡等。

如果以資產負債表來看,那鈔票是甚麼呢?鈔票應當就是台灣政府的這家公司所發行的股票。(台灣國債就是負債,資產就是最柔軟的勞工大眾。)

以資產負債表的概念來看,當公司(台灣政府)賺錢(外匯存底上升),即左邊的資產膨脹,所以右下的股本自然膨脹,所以可以發行更多股票(鈔票)。

似乎很有道理,但再想深一層就會發現它的問題所在。

因為如果一家公司賺錢,它發行的股票卻越發越多,會

對誰有利？那自然是對掌握公司經營權的大股東、董事會的人有利，對於掌握只有幾張股票，對公司沒有實際影響力的小股東，只會越來越削弱小股東手中的股票價值而已。

這種做法變相地把小股東手裏的股票價值，轉移到了大股東的手裏；公司的確一直在賺錢，可是最後受益的永遠是大股東，小股東越來越小，小至奈米股東。

明白了以上道理，就可以明白為什麼台灣的錢越賺越多，可是一般人口袋裏的錢越來越少，原因即在此處。

當然經濟學家會告訴你一萬種理由，這種情況是正常的、沒有問題的；但你要記得經濟學家無論左派或右派，絕大多數都是特定利益集團的喉舌與幫兇，他們說的話，不足為訓。

你的感覺才是實相。

很簡單的道理，經濟學家可以搞得很複雜，這是他們的專業。其實這件事很簡單，就是錢印的越多，你的錢越不值錢，這就是通膨的效果，這就是政府可以幫特定的利益集團從大眾手裏將錢偷出來的方法。

還記得莊子說的那句話嗎？「竊鉤者誅，竊國者諸侯」，古代政府用武力直接搶，現代政府高明，用印鈔票來搶你手中的鈔票；如此一來船過水無痕，不引起民怨，還有一堆呆子會搶著幫政府護航。

偉哉！這都是經濟學家發明的經濟學的功勞。

市場先生的下一步 4
一瀉千里的日圓

最近看到一瀉千里的日圓，已經跌破1998年亞洲金融風暴時的價格；以老衲眼下寫作的時間點來看，美金對日圓是1：155，而當年發生亞洲金融風暴，最慘的時候美金對日圓還有1：150上下。

覺得很有必要來說一下 Macroeconomics——台譯總體經濟，中譯宏觀經濟的這門學問。

說到總經，其實總經的精髓幾句話就說完了；所謂的總體經濟其實就是鈔票（貨幣）的經濟學，而關於鈔票這件事，圍繞著它的只有三件事。

第一是利率，第二是匯率，第三是通膨率。

簡單來說，「利率」就是本國政府對於本國貨幣的價值定義，「匯率」就是他國政府、與他國大財團們對於本國貨幣的價值定義，而「通膨率」呢，簡單來說就是本國有錢人對於本國貨幣的價值定義。

可以直觀的認定：利率就是本國政府對於本國鈔票的價值認定，所以降息的時候，代表本國政府希望將本國鈔票的價值給打下去，而升息的時候，則代表本國政府希望本國的鈔票的價值提高。

如果說利率是本國政府的「主觀認定」，那麼可以理解匯率，則是他人對於本國鈔票的「客觀理解」。

好比 2022 年初的時候,俄羅斯一攻擊烏克蘭,俄國盧布應聲暴跌;當時俄國才剛剛開打,所以不應該會是俄國政府狂印鈔票應付戰爭借款導致,唯一的可能性就是外國政府與財團競相拋售盧布,也就是前面說的:匯率就是他人對於該國貨幣價值的「客觀理解」。

最後說到「通膨率」,通膨率這件事情比較玄,其實狂印鈔票通膨率也不一定會上來(比如泡沫經濟後的日本),而甚或有時候大家覺得通膨要來了,通膨就會來。

老衲個人認為,通膨率這件事,最終還是取決於本國的有錢人對於鈔票的定義。

假設有錢人「都」認為鈔票不值錢,那麼通膨就會拉高。

這種有錢人涵蓋大股與小股,比如大財團的滿手現金通通砸下去買商業大樓,通膨就會起來;又比如街口的牛肉麵老闆,認為他的牛肉麵應該漲價,那麼通膨也會起來。

也就是說:政府印了過多的鈔票,甚至是調降利率,這些都只是「充分條件」;而有錢人認為鈔票不值錢,那才是「必要條件」。

舉一個例子來說明以上的邏輯關係。

比如說日本在 1990 年後泡沫經濟破裂後,日圓一路狂跌,而日本政府也採用所謂的「貨幣寬鬆」政策;先是降息,後來又大量印鈔,按照經濟學教科書的講法,此時日圓的未來預期收益跌到接近零的水準,應該會有通膨發生──可是通膨就是硬生生地沒有發生。

為什麼呢?按照鹿港辜家,辜振甫先生的姪子,辜朝明先生的研究,那就是「企業的資產負債表有黑洞」,所以造成這樣的情形。

簡而言之就是：日本泡沫經濟時，日圓的估值太高，造成許多日本企業的規模過度膨脹，而泡沫破裂之後，即使政府印了大量的鈔票給這些企業救急，可是這些企業的資產負債表中的黑洞太大，這些有錢人還是不敢將鈔票放出來到市場上，也因為如此，通膨才會遲遲不來，甚至形成通縮。

關於鈔票的利率、匯率，與通膨率的關係大致如此，當然，經濟學教科書中給這三率下了三條公式去定義它們，其中費雪方程式決定利率與通膨率、購買力平價決定匯率與通膨率，而利率平價可以決定利率與匯率之間的關係。

若按照利率平價理論來說，有甲乙二國，其中甲國利率調升而乙國不動的話，那麼甲國貨幣的匯率亦會升值。

可是若將這條公式，放在最近的日圓走勢來看，那就是一個笑話。

日本政府在今年（2024）三月宣布取消負利率，將日圓利率升至0.1%，但日圓匯率，反而跌出一個新高度。

該怎麼解釋呢？其實就是老衲說的：雖然日本央行升息，可是他國對日圓的價值認定又往下調整了。

貨幣或者說鈔票說到底就是一個商品。一個商品只要別人對它的評價是低的，那麼價格就會往下打，反之亦然。

同樣的理論當然也可以應用在股票上。一檔股票，會漲的原因百百種，不過最重要的一個原因就是主力對它的價值不斷上調，也就是「看好」，其他的理由都不重要。

忽然想到老衲寫過幾百篇關於傳統武術的文章，其目的，也只是希望能夠讓大家對傳統武術的評價越調越高，如此而已。

市場先生的下一步 5 ──

投資中的少林、武當,與獨孤九劍

　　(這篇文章,是寫給在股市中透過基本面、技術面與籌碼面分析,卻依舊賺不到錢的人去反思的。)
　　(若是已經賺到錢的人,大可略過不看。)

　　在投資領域中,高手如雲,各門各派都有各自信仰的絕活;以武功門派來比喻的話,葛拉漢(Benjamin Graham)、巴菲特(Warren Buffett)的價值投資,比較硬式,核心概念就是「價值」是可以計算的,這一路方法是天下正宗,可以稱得上是少林派武功。

　　(岔開一說:巴菲特的狀態其實有點像是虛竹先生說的:『以小無相功運使七十二絕技』,所以雖然歸類在少林派,卻頗有可議之處。)

　　如果說價值投資是少林的話,那麼如《漫步華爾街》(A Random Walk Down Wall Street)的墨爾基(Burton G. Malkiel)、《征服股海》(Beating the Street)的彼得林區(Peter Lynch),應該算是武當功夫。

　　他們這一派的功夫比較柔性,大抵上認為股市中漲跌不可預知;不過有一定的機率可以遵循,故透過一定比例的投資組合,能夠獲得不錯的回報。

　　除了少林武當之外,還有一路投資心法比較隱蔽,注重

無招勝有招，按照感覺重壓來投機，算是華山派獨孤求敗的武功；這路功夫的祖師爺要算猶太股神科斯托蘭尼（André Kostolany），繼承這路功夫的有英國著名經濟學家凱因斯（John Maynard Keynes），與金融大鱷索羅斯（J George Soros）等人。

這路投機心法的傳人，不靠計算價值，也不靠機率分配，基本上以「感覺」、或者說更深一層的「心理面」為主，據凱因斯的秘書回憶，凱因斯的投資方式只是每天晨起時，看看泰晤士報，而索羅斯有很多哲學上對接投機的思考，但索氏最依賴的，是他天下聞名的背痛，索羅斯曾說：「感覺到背一痛，就知道要賣股了。」

這路心法，歷來很是隱蔽，凱因斯沒寫過什麼關於投資、投機的書，索羅斯寫過一狗票書，不過多半語焉不詳、不知所云，所以要了解這路心法，還是得看科斯托蘭尼。

科斯托蘭尼，著名的猶太股神，精通歐洲上七國語言，江湖上人送外號科老爺子；老爺子後半生筆耕不輟，寫過很多關於他老人家的投機心法，可惜翻譯成中文的只有三本：分別是《一個投機者的告白》、《證券心理學》與《金錢遊戲》。

科老在書中寫了什麼呢？以老衲來看，科老書中最重要的，就是兩個比喻。

第一個比喻是：「要看股票在傻子手裏？還是聰明人的手裏？」

第二個比喻是：「投機就像開車，不能只盯著車前三公尺，要看車前五百公尺才行。」

這兩個比喻第一個講股市的心理面，第二個講股票的未來性，就已經將科老爺子一生的投機心法給和盤托出，書中剩下的其他論述，都只是在支撐這兩個比喻而已。

如果以這第二個比喻,來看台灣股市中股民最喜歡的的基本面、技術面,與籌碼面分析,會是什麼樣的呢?

科老爺子大概會說:基本面分析,大概就是像是開車的時候在看後照鏡,基本面雖好,但都是過去的東西。

至於籌碼面,約莫像是開車時看著別台車怎麼開,似乎有些道理,可仔細深入想想,依舊危險。

最後說到技術面,科老在書中是明確反對技術分析的,卻沒有說為什麼;這邊老衲可以幫他做一個衍伸的解釋:那就是技術分析,有點像你坐在副駕駛座,然後往旁邊的駕駛看,一面記錄著駕駛怎麼轉方向盤、怎麼打檔換檔,又怎麼踩煞車與油門——你將這些駕駛的動作可以記錄的很熟,也可以從其中找出一定的規律,可你就是始終沒有向前看。

如果這三種分析,都有可議之處,那麼投機到底應該怎麼做呢?

科老這路武功,最依賴的不是其他,其實還是心理分析,也就是他說的:「股票在傻子手裏?還是聰明人手裏?」

不過這心理分析就很玄了,老衲曾經想過很久,這所謂的「股市心理」到底怎麼「感覺」或「摸索」出來的呢?想來想去,最近終於得到一個暫時的結論,不揣冒昧,簡單說出來給大家聽一聽。

其實股市的心理面,對應的應該是「消息面」;而所謂的「心理面」與「消息面」可能一件事情的一體兩面。

這可以解釋凱因斯為什麼每天看看泰晤士報,就可以做出投資的決定;也可以解釋為什麼索羅斯說的投機哲學會講得那麼玄之又玄。

其實說到底,這些人都是在「看報紙做股票」,一般人看

報紙做股票多半會以慘賠收場,不過這些頂級高手返璞歸真,正是所謂的「飛花折葉俱能傷人」,所以看看報紙就可以押注了。

這就是,真正無招勝有招的武功。

市場先生的下一步 6
不應該依賴預測股市的漲跌來賺錢

要搞懂一門學問，最快速的方式，就是去問最簡單的問題。

比如說：現在市面上很多的傳統武術教練，除了會教幾套傳統的套路之外，一對打起來，完全與散打的訓練方式沒有區別──這真的是傳統武術嗎？

又比如說：現在市面上很多的傳武教練，一用起傳武的招數來，都與原來套路中的練習方式大相徑庭──這又真的是原來傳統套路中的用法嗎？

舉個例子，電影《臥虎藏龍》中有一幕，俞秀蓮夜鬥玉嬌龍，裏頭有個很小的武打細節，就是秀蓮用自己的腿，去管住、圈住玉嬌龍的腿──這個動作是傳統武術的經典用法，不過現代使用四不像散打來招生的傳武教練們，是很難把這個「管腿」、「圈腿」的絕活，融合進去他們那四不像的散打節奏裏。

為什麼很難融合呢？因為兩者之間的「節奏」不一樣；比如都是出拳，可是拳擊有拳擊的節奏、散打有散打的節奏、泰拳有泰拳的節奏。

傳武，當然也有傳武的節奏。這個「節奏」，古人叫作「拍位」，意思就是「拍子」與「部位」，很多傳武教練根本沒有學過「拍位」理論，以致於打出來的拳法，只能像是四不像。

有沒有發現？以上各點，都是可以經由一些很簡單的提問，就能發現。

傳武有沒有自己的節奏？傳武的招式能不能與現代搏擊融合？人都是兩手兩腳，那麼在對方用現代搏擊的方式進攻時，你到底要怎麼運用傳武的方法來防禦，並且反擊？都是些很簡單的提問。

任何一門學問都是這樣，可以通過簡單的提問，來整理自己的思路，並且測試自己對這門學問到底有沒有完全透徹的理解。

投資學當然也是如此。

舉例來說，市場上有一句流傳很廣的話，叫做「股市的漲跌你永遠猜不中」——不知道大家是否同意？

同意的，就是認為「股市漲跌猜不中」；不同意的，就是認為「股市的漲跌可以預測」。

先說認為「股市漲跌可以預測」的人。這些人，首先應該做的是：「驗證一下你是否真的可以預測股市的漲跌」，或者是你心目中的投顧老師、股市神人、投資網紅等等，用兩三年的事前記錄去回測驗證結果，看看這些聲稱自己可以預測（或者暗示可以）股市漲跌的人，究竟準確率有沒有超過五成？

另外一群人，認為「股市漲跌永遠猜不中」的人，而這群人，在投資股市時該思考什麼呢？

如果說「猜不中股市漲跌」已經成為鐵律一般的前提假設，那麼在投資股市的時候，你只需要思考一件事：那就是你要想出一種，「即使無法預知股市的漲跌，你還是能夠賺錢」的方法。

這句話其實就是投資的核心。比如說：有人叫你去買黃金

的時候，你就要思考：我能夠預知或猜中黃金價格的漲跌嗎？如果不能，那麼我可以在投資黃金上賺錢嗎？

又比如說：有人叫你去買高台灣價值的 ETF，你可以思考：我能夠預知這檔 ETF 的漲跌嗎？如果不能，那麼我可以在投資這檔 ETF 上面賺到錢嗎？

以老衲的偏見看來，投資的最大陷阱就在這裏：所有的媒體、所有的財經老師，總是以一個暗示性或明示性的方式在告訴你，他，或者他帶著你，或者你自己，可以去預測或猜中股市、或任何一檔投資標的的價格漲跌。

重點是：他，或者你，真的能夠預測股市的漲跌嗎？

如果能，恭喜你們，一路發財；如果不能，那麼我們是不是要嘗試思考一下，如何在不能預測漲跌的前提下，對股票低買高賣來賺錢？

有沒有發現，很多很深奧的問題，都可以通過一些很簡單的提問來發掘。

最後紀錄一下，會忽然想到這個問題，是因為有人問老衲對當下股市的漲跌是何看法？俺回道：看起來是會回檔，不過也有可能就這樣一路盤整漲上去；但是這些都不是重點，因為股市漲跌基本上無法預測。但重點是，不管會漲會跌，都要能夠持續在股市中撈錢。

很多人說：股市的漲跌很可怕，要把心臟練得很大顆。

老衲的意見是：不如直接想一種「不依賴預測漲跌」的方式在股市裏賺錢，不是更一勞永逸？

俗話說市場永遠是對的，你又怎麼能夠預測它的漲跌？難道你認為你永遠都會猜對嗎？這不是太過於自信與傲慢自大了嗎？

市場先生的下一步 7

反過來想：消息面的題材炒作

上回提到，一個快速搞懂某項學問的訣竅，就是「問簡單的問題」。

這回來講講，還有另一個訣竅，那就是「反過來想」。

還是比如說武術。一般的武術，如果對方出拳很快，那麼我們就是想辦法比對手練得更快。

不過像一些傳統武術中的內家功夫，如太極拳、或心意六合等等，這些武術的想法就是「反過來想」；也就是說，在對手攻擊很快的時候，這些武功的思路不是比對手更快，而是讓對手慢下來。

古代拳譜所謂的「以慢打快，快何能為？」——大約就是這樣的概念。

說回股市，其實在股市裏頭我們也是常常需要「反過來想」。

比如說之前提到過的「消息面」，說到凱因斯每天看看報紙就可以做股票，俺以為這就是「反過來想」的最佳案例。

看到好消息展望大好的報導，你得反過來想想，這是不是某些特定利益集團放出來的「廣告文」？

看到壞消息未來幾年前途茫茫的報導，你得反過來想想，這是不是大戶們為了蒐羅籌碼所放出來的「恫嚇文」？

除了消息面之外，我們可以再思考深一層的問題；那就是

一檔股票，為什麼常常需要「炒作題材」？又或者反過來說，為什麼唯有題材可以炒作的股票，才會形成一種飆股的現象？

要回答這個問題，我們可以從股票的起源來思考。

最初的股票來自於 1606 年，大航海時代的荷蘭商人，為了要「集資」去遠洋貿易，所發想誕生的一種東西；所以說「股票」，就是「股東」們「入股」的證明。

也就是說，股票就是一種「喊大家一起來集資做生意」的東西；當越多人想要參與這檔生意，這張股票的價格就會上漲，反之亦然。

而甚麼樣的生意，會有很多人想參加呢？答案是：兩種生意——第一種是「賺錢」的生意，另一種是「大家覺得會賺錢」的生意——當然，這兩種生意合而為一是最好的生意。

賺錢的生意且不去說它，單說這個「大家覺得會賺錢」的生意吧，這個概念，應該就是「炒作題材」最初的形式。

幾乎所有的飆股，甚至是所有的泡沫，最初都是由這種「題材炒作」的態勢開始；不過同樣的，我們也可以將這件事情反過來想。

既然知道「炒作（題材）」會形成暴漲甚至是泡沫，那麼我們是不是可以反過來想想，甚麼樣子的題材，是可以炒作的題材呢？

一分鐘給人家思考一下。

***

剛好一分鐘，時間到。

（差點說出：「你做了個好夢嗎？」）

（《閃靈二人組》之美堂蠻！）

（看過這漫畫的不是老頭，也是大叔了。）

***

甚麼樣的題材，可以炒作呢？答案是：概念非常簡單的題材，到甚至幾乎有點不需要思考，就知道能夠賺錢的題材。

比如說之前有檔股票，朋友推給老衲，老衲本來不太想買，後來朋友說了句：「這家公司是去中國放高利貸的；兩位數漲到三位數不是問題。」

一聽馬上心動，立馬敲了幾十張買進，後來果然很快漲到三位數。

又比如說另一檔股票，當時另一個朋友推給老衲，俺一看，也是那種聽起來風險特別高的公司，相關領域也不熟悉，結果朋友說了句：「你不是一直想開地下賭場嗎？這家公司的營運項目，相當於在歐洲開地下賭場，你買不買？」

哎，老衲的耳根子就是這樣軟，一聽之下，手指又不由自主地下單敲進。

（一句好的廣告詞，勝過千言萬語，是不是？）

以上講的兩檔股票，在某些特定的時間段裏，都能稱得上是小小飆股；可見飆股的一個重要特徵，就是其營業模式，能用很簡單的概念去描述，如此才可以讓大眾買單，跟進這個「我也想集資一起做生意」的股票循環中。

理解了「反過來想」的題材炒作原理，就能夠不害怕飆股與泡沫，甚至會去主動擁抱飆股與泡沫；就與練通了內家拳「以慢打快」的拳理，你不會害怕攻擊速度快的人，反而能夠

正面迎擊那些攻擊速度快的對手。

很多道理，如果你能夠「反過來想」，常常就能夠見到另一片天地。

對了，最近朋友又在鼓動老衲一起買一檔股票，說該公司掌握台灣北中南三大碼頭，是國內唯一一條龍的碼頭物流服務業，在台灣價值滿滿的台商回流大潮之下，碼頭生意根本是坐地起價，要輸都難的事業。

大家猜猜，老衲這回買了沒？哈哈哈哈！

市場先生的下一步 8

票多的贏!

　　要了解一門學問,除了可以「問最簡單的問題」,還可以「反過來想」之外,還有一個最重要的思考邏輯基礎,那就是從「最基本的基石開始思考」。

　　從「最基本的開始思考」,也就是當代商業怪才馬斯克(Elon Musk)說過的「First principle thinking」(第一性原理)。

　　使用這個第一性原理來思考,就會發現任何一門學問,都可以拆解為最簡單的幾個元素;比如武學,無非就是靠「更快、更重、更硬」(或許還有更黏)來擊倒對手。

　　當然,這裏說的「更快、更重、更硬、更黏」,這只是第一層最基礎的思考,而第二層思考就是:如何「更快」?可能是絕對速度快,也可以是預判快、反應快,又或者是視動反應快、抑或者是觸動反應快。

　　第二層思考了解之後,我們可以進入到第三層思考;也就是如何做到預判快、反應快?在武學上,最直覺的想法,就是提升經驗與絕對反應;不過再深一層的想法,就開始有了「節奏」與「拳腳組合」的框架。

　　有了特殊的「拳腳組合」與「節奏」,等於是給初學者一套基礎的公式。此時,初學者不必每次應對敵手的拳腳時,都要重新思考與反應該如何對付;只要依照前人留下來的「對打

框架」進行反射即可──至此，便有了「武功門派」。

依照第一性原理，我們可以知道任何的學問，都是先決基礎，再一層一層地深入進去。

又好比說民主選舉，某個選舉天才曾經說過，無非就是「票多的贏，票少的輸」──這個說法，其實也是第一性原理的應用。

扯遠了，不過讓我們應用在股票投資上試試看。

巴菲特曾經說過：買股票的第一條規則就是「不要虧錢」，而第二條規則，就是記住第一條規則。

所以簡單地來說，買股票就是要「低買」，至於能不能「高賣」？完全是聽天由命。不過至少要先做到「低買」，也就是巴老說的「不要虧錢」，那至少已經立於不敗之地。

再更深一層讓我們思考「低買高賣」這件事，其實「低買高賣」，在實際情況下，大眾做的更多的是「超低買然後想要低賣」，或者是「高買然後想要更高價去賣」。

「超低買然後想要低賣」是甚麼呢？那就是散戶最喜歡的「抄底」；而「高買然後想要更高價去賣」是甚麼呢？那也是散戶最喜歡的，去追高市場上最流行的股票。

很多人買某檔股票的原因，不過只是因為該檔股票「已經跌到很低」，所以他心中想的其實是「可以超低價格買入，至少可以在超低價反彈後的低價賣出」。

也很多人買某檔股票的原因，只不過是因為「市場一片看好」，所以他在買入這檔股票的潛意識，其實是想在「高價買入後能夠以超高價賣掉」。

其實這兩種狀況，都不符合所謂的「低買高賣」；但卻是市場上最流行的做法。

買賣股票,與拳法其實很像;兩者都是因為心相的外顯,一開始的初衷,會決定最後的成果。

話說回來,所謂的「低買高賣」大家都知道;問題是:何謂高?何謂低?這涉及到股票的定價與價格組成問題,下回再談。

市場先生的下一步 9

股票的定價組成

買股票其實只需要知道一件事情,那就是如何為這張股票「定價」。

不過,說股票的定價前,先來思考一下一般化的商品定價,也就是價格的組成。

如果你讀過亞當斯密的《國富論》,那麼你應當知道,經濟學祖師爺拆解價格,可以分為三個部分,分別是:人的工資,資本投入後的資產產出,還有地租。

以最熟悉的早餐店做舉例,早餐店賣給你的價格,包含了早餐店老闆娘的工資,早餐店廚具的設備投入,還有店租。

任何一件商品都可以這樣做分類,所以你會問:為什麼咖啡店的咖啡要賣得這麼貴?因為那杯咖啡,不只是原料生產的資本投入,還包含了店員的工資,還有店租。

不過,馬克思的《資本論》在這裏與亞當斯密《國富論》對於價格分成的組成解釋,產生了分歧。

馬克思在此價格的組成上,他認為中間屬於「資本投入該得到的回報一項」,會無限擴張,藉此吃掉(馬克思稱之為『剝削』)勞工的工資報酬。

按照這個思路想下去,馬克思很自然地想到:所有的階級都可以分為「有資產」與「無資產」兩種人,也就是「布爾喬亞」Bourgeois aka「資產階級」與「無產階級」(Proletariat

兩種人，也所以，所有的歷史事件，都是資產階級與無產階級的「階級鬥爭」（class struggle）。

中國的偉大領袖與革命導師，毛澤東主席，就是繼承了馬克思的這路傳統，所以才會想搞文化大革命，甚至認為這種大革命要不斷地搞下去，每隔一段時間，就會出現無產階級的敵人（即資產階級），這個時候為了實現無產階級專政，就必須要打倒資產階級，所以要不斷地將革命進行到底。

其實馬克思的這個思路，從前提上就有一個明顯的錯誤：那就是「資產或者說資本投入，不太可能無限擴張，完全吃掉勞工的工資」。

為什麼呢？很簡單的道理，因為所有的經濟活動，都是一種「替代效果」。

也就是說，如果早餐店的員工認為他的工資不合理，那他可以跳槽到另一家早餐店去，爭取他認為合理的工資。

或者從另外一個方向來說，所有的早餐店員工，到一定時間的累積後，員工也可以攢足「資本」，到對街去開一間一模一樣的早餐店。

這當然也就是偉大領袖與革命導師說的，即使大革命進行得再徹底，每隔一段時間，總還是會出現「右傾的階級敵人」，說白了，每隔一段時間，總有一些無產階級會晉升為資產階級，所以革命才需要不斷地搞下去。

馬克思的思路，基本上就是一個套套邏輯（tautology），雞生蛋蛋生雞的死胡同；而亞當斯密就高明地多，斯密認為價格分為三個成分，但互相牽制也相互競爭，好比歐洲古代，國王、貴族、與平民之間，三者的相互制衡。

如果我們把以上概念，套用在股票的定價上，會分析出一

個甚麼樣的成果呢？

一張股票，等於是一個微小等分的公司產權；因此一張股票的訂價，與如何為一家公司定價息息相關。

當然，一家公司也可以分為「工資」、「資產」與「地租」。

再深入仔細想想就會發現，「工資」通常是一家企業最不重要的部位（CEO 的工資例外），所以反過來說，其實公司的員工就是公司最不重要的部位。

地租呢？地租當然很重要，不過基本上你有大家也都有；除了通膨時代愛炒的資產活化題材，不然在一般性的分析中，不佔決定性的要素。

想來想去就會得到一個結論，一家企業，最重要的就是它的資產，以及圍繞著這些資產，可以生產出來的價值；或許是一些市場的寡占合約，或許是一些研發的專利項目，這些才是最重要的資產。

在巴菲特的年輕時代，或許思考到這裏就可以了，就可以依照葛拉漢的「價值投資」理論去撿便宜貨；不過很可惜，我們並不是生活在巴菲特的年輕時代。

在眼下資訊爆炸的年代，各種財報分析工具紛至沓來，令人眼花撩亂，說實話，你很難找到一個「只有你知道而別人不知道的價值評斷方式」，可以將一家公司的價值量化，去成為一個合理的價格。

甚至是一個，只有你知道有利差可以套利的價格。

大多數的人，思考到此處就停止了；就開始尋找各種內線，或者是最新的財報，或許是公司內部關係人的說法，去將公司的可量化價值，去做「搶快」的比拚，賺一個「資訊

市場先生的下一步 9 ｜ 股票的定價組成　39

差」。

　　說出來也不怕大家笑俺呆，老衲年輕的時候讀投資學的書，卡在這裏很久很久；若按照經濟學的均衡理論，在完全的資訊透明下，每天的股價應當都是公司當下資產價格的博弈結果；但如果是這樣，那麼股票又有甚麼可以賺取的利差空間呢？

　　所以只有靠內線（資訊差），或者是非要熟悉一個產業的週期（經驗法則），或者靠運氣（盲目相信自己是投資天才，或者某基金經理人是），才能買賣股票賺錢嗎？

　　看起來是很小的一個問題，在當年的俺看來，卻如天大；基本理論搞不通，總覺得出手買賣，不是那麼穩當。

　　說起來也很有戲劇性，老衲卡在這個股票定價的問題，卡了約莫有十年多吧，一次，在一個古怪的場合（就是衛斯理常常會參加的那種場合），遇到一個高人，解答了俺關於這題的盲點。

　　記得當時高人聽完老衲的問題，只劈頭回了幾句，就把老衲驚得半晌說不出話。

　　高人道：「其實你不用糾結於股票的真實價格，你只要知道你是買貴、還是買便宜，就可以了。」

　　「股票就是低買高賣，所以便宜就可以買，貴就可以賣；至於到底是便宜五塊錢、還是便宜六塊錢，一點也不重要，反正投機賺的只是中間的價差。」

　　「如果看不出來是便宜還是貴的，就不要買；巴老說的，市場沒有三振的規矩，所以等到球進入好球帶再揮棒即可。」

　　「忘掉絕對價格，因為投機藝術家只需要相對價格；相對價格是低買高賣，至少立於不敗之地。」

「所有的書都告訴你要忘記入手價格與賣出價格,因為你一旦受限於價格的概念,就好比『刻舟求劍』,綁死自己。」

「忘掉價格的概念。享受在市場大海中游泳的感覺,市場如大海,你在低點買入高點賣出,就能賺錢;會游泳的都有感覺,甚麼是海浪的高點、甚麼又是海浪的低點,你去計算一個絕對數字,永遠都不會準確。」

「股市的高低點,比大海更好抓。因為當大家都看好的時候,肯定是高點;而當大家都看壞的時候,絕對是低點。」

江湖一點訣,說破不值錢——當年老衲聽了這幾句話,猶如當年第一次練習心意六合拳般激動。

像是世界忽然為你打開了一扇從來沒有見過的窗,你終於看到了一道別人從沒有看過的風景。

分享給大家,細品,勿囫圇。

市場先生的下一步 10
成長型投資與價值型投資,都需要一個Trigger

最近看了 Howard Marks 的 Something of Value 這篇備忘錄,引發一些想法,想要記錄下來。

備忘錄中的結論是:「成長型投資,與價值型投資,兩者都是一回事,不需要強分為二。」這個說法頗有趣,頗有華山派劍宗、氣宗之爭,而兩者又都是華山派,都是一回事。

深入思辨一下,其實所謂的成長型投資,就是投資目標市場規模不斷擴大的公司,也就是把「餅做大」的公司;而所謂的價值型投資,多半是市場規模萎縮導致公司價格低落,但價值仍在,故有投資價值的機會,所以亦可視作:「餅暫時萎縮」,但猜想,可能會反彈回去的投資方法。

除了餅做大,與餅萎縮後迴歸正常;還有一種可以推導出的情況是:「重新切餅」。

以最近又重歸大眾視野的貨櫃航運來看:最早一陣子韓進海運破產,那就是重新切餅的投機機會。

後來一段時間,因為疫情的緣故,世界航運大塞港,等於是這市場的規模越做越大,而餅變大了,才發現,原來我們如此需要 TEU(貨櫃計算單位);而近日(2024/5)貨櫃反彈,那便是餅萎縮後回彈正常的那種價值投資標的。

按照「價值投資」的選股方式來說，世界幾大航商，滿手的未分配盈餘現金，都足夠買下他們當時的整間公司，很有一點自己可以把自己舉起來的惡趣味，可是就是沒多少人想買他們。

再按照價值投資大師巴菲特的說法，股市長期不是投票箱，而是體重計，所以這些貨櫃航運的公司們股價能夠重返應有之價，也是合理，再怎麼說，光靠足以買下自己整間公司的現金部位，股價就不太可能長期趴在地上這麼久。

當然，其中最需要注意的是：不管是餅做大、還是餅萎縮，抑或是重新切餅，這裏頭到底有沒有一個 Trigger 能夠引發餅的這三種變化？

忽然想到前兩年，老衲投資那檔汽車保險桿的神操作，其實一開始的想法很簡單，就是台幣匯率要開始跌，台灣的副廠保險桿，競爭力馬上上升，這很明顯是一個餅暫時萎縮後，因為匯率的這個 Trigger，而產生的價值投資機會。

不過後來，似乎是美國二級保險市場的法規修繕，讓所有的汽車副廠零件可以當作是保險賠償物；這麼　來，便又是另一個「餅做大」的機會，法規修繕是 Trigger，讓這個目標市場變得更大。

所以那檔股票就「一路向北」、「加速超越」了。

從這個例子看，Something of Value 這篇備忘錄中所說的：「成長型投資與價值型投資，原是一回事」，表露無遺。

其實不需要分什麼成長型或價值型的投資方法，黑貓、白貓能抓老鼠的就是好貓，什麼投資方法都是假的，只要賺錢，那都是好方法。

又或者說：不需要關注「餅」怎麼變化，是哪一種變化；

而是要關注「什麼 Trigger 將會引發餅的大小變化，或切分變化」，就已經足夠。

如同所有的精彩小說只有一條規律，那就是「且聽下回分解」；所有會漲的股票也只有一條規律，那就是「有Trigger點去引發市場規模的大變化」。

武功最重要的不是拳法、身法，而是心法。

股票亦是如此，最重要的不是漲跌買賣的實際操作技術，而是──「想法」。

市場先生的下一步 11
分階段

讀書有幾個階段:不過可以簡單分為一開始的「被動吸收」,到後來的「主動劫掠」。

武功也分兩個階段:拳在人中(功夫上身),與人在拳中(隨時進入狀態)。

寫作也有幾個階段:一開始是我手寫我口,寫自己心裡所想的;再來是可以挑逗、勾引觀眾寫觀眾想看的。

最後應該是可以成為:一邊挑逗勾引,一邊將自己的目的傳達給受眾。

倪匡老爺子也說過寫小說有幾個階段,一開始是寫不下去,後來是寫來寫去但是困在迷宮裏,最後是忽然撞破山壁,得窺朗朗乾坤,於是:

「筆下雲雨風雷,任憑揮灑,天地萬物,宇宙萬象,皆是筆尖活水,不絕流溢,要它成潺潺小溪,要它成千丈巨瀑,皆是隨意間事,何須苦苦思索!」

玩政治、玩統治也有幾個階段:最初期就是針對個人做控制;中期階段就是對一個群體制定潛規則,讓群體中溫順的人去制約群體中不服號令的人。

(一般的黑幫、黑道老大,大約只停留在以上階段。)

玩政治、統御之術的最後階段當然就是思想控制,也就是意識形態。

諸如「君君臣臣父父子子」、「贖罪券」、「人民作主」、「民族自決」、「萬世一系」、「無產階級專政」、「資本自由市場」，還有「台灣價值」⋯⋯都屬此類。

（道高一尺，魔高一丈，黑道老大始終玩不過政治人物，由此可見一斑。）

抓經濟問題，也分階段：一開始看「供給、需求」，再來會了解供給需求的本質是節約了哪部分的「生產成本」或「交易成本」；沒有節約到成本的需求都不是真的需求，而沒有真的需求，也不會有真的供給。

最後只要看有無「替代效果」就好了；油車可以替代馬車，不過電車真的可以完全替代油車嗎？

玩投資，當然也分階段。

一開始是聽別人說可以賺錢的方法，後來是自己摸索一套自己可以賺錢的方法，最後當然是飛花折葉俱能傷人，生活中到處都可以看見賺錢套利的空間。

最後忽然想到，人生不能分階段，只分關卡。

共計有：家庭關、名利關、愛情關、肉慾關、友情關、外貌關、閒氣關、酒色關⋯⋯當然最難過的是生老病死四大關。

以上隨便一關，都比天下第一關山海關更難通過，不過想通了，或許也都是「飛流直下三千尺」、「輕舟已過萬重山」吧！

祝大家都能關關難過關關過。

市場先生的下一步 12
巴菲特應該滿喜歡做愛

老衲年輕的時候,去美國打過一陣子黑工。

一開始是去西岸,當時西岸人口普查得緊,後來又跑去東岸,最後流落紐約開無照計程車,幾次差點被惡名昭著的 NYPD 扭送。

當時有個在街頭混的南美裔朋友,知道老衲喜歡看投資的書,說他有個『哥哥』恰好接了當年度波克夏(Berkshire Hathaway)股東會的外燴生意,叫老衲跟他一起去當 busboy(收餐盤、上雞尾酒的服務員),可以順便去偷聽一下股神巴老說了些啥,去不去?老衲當然大聲叫好,Yes I do 不絕於口。

於是飛了趟奧瑪哈 Omaha。

對巴老爺子的第一印象,是個非常聰明、睿智,而且善良的老頭;老衲其實很想舉手發問,問他對於宗教真實性的看法,奈何自個兒不是波克夏的股東,只好作罷。

不過當年度巴老爺子回答了兩個問題,都令老衲印象深刻。

第一個提問是:美國股市現今大跌,巴老有何應對策略?

巴老回答:「我就像是一個性飢渴的年輕人,口袋裏都是現金,走進了一家妓院。」

另一個提問是:如何看待先努力工作,等退休再好好享樂的投資策略?

巴老回答以:「這就像是說,我先保留體力,等退休以後

再開始做愛一樣荒謬。」

俺那時想：巴老爺子，想必是個非常喜歡性交的人，連續兩題都以性行為比喻，妙哉。

忽然想到很多人說，傳統武術是一種過時的、落後的搏擊技術，早就比不上現代搏擊的進步技術。

老衲常常很想回嘴道：「you know what，這就像是你說，你比秦始皇的做愛技術更加進步一樣，仔細想想，還是挺荒謬的。」

硬體沒有更改，軟體不可能相差太遠，你想得到的玩法，古人也都想得到。

But whatever you say, fine.

市場先生的下一步 13
好人為什麼賺不到錢

老衲年輕的時候,常常思考自己為什麼賺不到錢?明明俺個性好,人又帥,加之拳藝精湛,融會各種武功於一身,可是就是賺不到錢。

老衲小時候看《諸葛四郎與真平》長大,後來又讀《金庸作品集》,裏頭各個英雄人物,都與俺一樣,都是個性好、人又帥,加之武功精湛⋯⋯可是老衲就是無法與諸葛四郎、真平、郭靖、張無忌,還有韋小寶一樣,在現實生活裏成功。

當時老衲做的是最低工資的勞力活,其實賺也賺不到幾個錢;索性牙一咬,辭職不幹,跑去大學裏重新當學生,一門一門經濟學旁聽過去,想要搞清楚究竟在現實生活裏,要怎麼樣才能賺得到錢。

聽了兩年,身上的家當差不多都已典當乾淨,不過終於給老衲搞懂在資本主義社會裏賺錢的規律性,俺才揮一揮衣袖,重入職場,再做社畜。

甚麼是資本主義裏的賺錢規律呢?簡單來說,就是你要包裝自己的「價值」,然後賣給別人。

也就是說,如果你的「價值」沒有人要購買,那麼這個「價值」可以暫時視為零,有等於沒有,不值一屁。

比如說老衲個性好,人又帥,加之武功精湛;可是這些「價值」即使包裝出去,也沒有人要購買,因此俺是賺不到

錢的。

再想深一層,甚麼樣的「價值」是有人會購買的呢?

簡單來說,就是「能夠幫助別人降低成本」的「價值」,才會有人有意願購買。

當然,這裏所說的成本,包含「生產成本」與「交易成本」;生產成本很容易理解,那就製造出來的成本。

所以一般來說,「交易成本」才是市場的重點;甚至可以說,交易成本才是「需求是否為真」的核心。

交易成本是甚麼?就是完成這筆交易,所需要的成本;好比古時候婦女在家將布織好,可是要多做一個「趕集」的動作,才能將布匹賣出去。這個「趕集」,就是「交易成本」。

舉例:街口的那家你常常買的早餐店,他提供的「價值」就是「降低了你自己做早餐的成本」,尤其是你自己做早餐的時間成本,所以你才會跟他買早餐。

再舉例:很多市面上的傳武大師,沒啥真功夫,可是把自己裝飾的古色古香,所以很多人會跑去跟他們學習;因為這些傳武大師提供的「價值」,「降低了你要自己附庸風雅的成本」。

諸如此類。

其實這個應用很多,最大的應用當然是在投資上。

去年(2023)關於元宇宙的需求,很多人在炒作;不過以上面的理論來看,就會很清楚。

——元宇宙這個題材,有節省或降低到任何人的成本嗎?

想想討厭的臉書,至少降低了大家出門社交的成本;所以這個需求才是真的需求,這個商業模式也才是一個真的可以運行的商業模式。

「是否能降低成本？」就是一面照妖鏡，可以照出任何真的與假的題材，啥妖魔鬼怪的商業炒作，也抵不過此資本市場的正道規律。

忽然想起當年俺最落魄的時候，履歷表上連「精通心意六合拳」都寫了上去，結果還是乏人問津。

真是太感慨了，郭雲深、達文西（Leonardo da Vinci）倘若復生，沒有蕭王與法蘭索瓦一世（François I），也是枉然。

市場先生的下一步 14
再談股票與做愛的關係

　　上上回談到股神巴菲特十分喜歡性交，所以常用做愛比喻買賣股票的原理；仔細一想，好像凡是大師，都喜歡做愛。

　　歷史大師李敖說：「作家就像妓女，不能靠性慾接客。」

　　小說大師倪匡：「翻開書本就像掰開女人的大腿。」

　　文學大師張愛玲也常說：「不以結婚為目的的做愛，都是耍流氓。」

　　……是不是凡是大師，都喜歡以做愛比喻？

　　說回股票。

　　買賣股票，一般人最常犯的一個錯誤就是：「暈船」效應。

　　所謂的「暈船」，就是明明這個人不好，可是妳就是喜歡他，非他不選；買賣股票也是這樣，很多股票明明問題一堆，可是還是很多散戶願意長相廝守，不願離開。

　　這種「拗單」行為，常常就是賠的死無葬身之地的一種行為，而身陷其中的人卻自得其樂，因為她在潛意識中已經愛上了這檔股票。

　　老衲也曾拗過單，最慘烈的一個例子就是「誠品生活」2926，從187一路拗到60，才幡然醒悟，一間好公司一間有趣的公司一間自己喜歡的公司，未必是好的投資標的。

　　當然老衲也曾暈過船，不計其數，但限於篇幅，就不能在此展開細說了。

買賣股票,說到底與任何一種「囤貨」、「哄抬」,再「倒貨」的商業行為都是一樣的,「囤貨」是因為奇貨可居,有價差可以「哄抬」;一家好公司並不等於一個好的標的,就好比一個漂亮女人並不等於一個好妻子。

不要愛上股票,不要愛上一間好公司;就如同張無忌他媽說的:不要愛上漂亮女人,越漂亮的女人越會騙人。

《冰與火之歌》的原文小說中有一段故事,大意是說:侏儒小惡魔的老爹,很故意地用一種很扭曲的方式教育小惡魔,教他不要相信女人、甚至不要愛上女人——因為老爹知道,像小惡魔這種外表不堪的侏儒,最容易被別人攻破的弱點,就是「女人的愛」。

因此老爹要教育小惡魔,是為了守護蘭尼斯特(Lannister)家族的利益,這當然也是一種偉大的父愛,儘管是十分扭曲的。

那段小惡魔被他老爹設計做愛的故事,寫得真好,直追《天龍八部》當中虛竹和尚的做愛故事。

推薦大家去多看看這些精彩的做愛故事!

市場先生的下一步 15

如果巴西下雨,就買星巴克股票

說了半天買賣的心法,再來說一點實際尋找標的的方法。

說到尋找投資標的的方法,老衲最推薦的是《如果巴西下雨,就買星巴克股票》(If it's Raining in Brazil, Buy Starbucks)這本書,因為這本書的書名,就是最好的尋找標的方法論。

解釋一下,這套邏輯是這樣的:

甲,巴西下雨,所以—
乙,咖啡豆豐收,所以—
丙,咖啡豆價格下跌,所以—
丁,星巴克進貨成本降低,所以—
戊,星巴克利潤增加,所以—
己,星巴克股價上揚。

通過六個步驟的推理,可以從第一步就覺察第六步的結果;絕大多數比較簡單的價值投機套利方法,都可以按照這樣簡單的邏輯,去推導出應該選擇何種標的投資。

(岔開一說:其實要找到巴菲特說的那種『成長型』的超長遠投資標的,是非常困難的萬中選一;與其要找到下個世代的 Apple,不如找一些比較平易近人的、中短期三五年間可反應的標的。)

《如果巴西下雨，就買星巴克股票》這本書中還講了另一個尋找標的的訣竅，那就是：大多數的機會，來自於出乎意料的災難。作者說那是漢語的靈感，漢語中講「危機」就是「轉機」，因為危機是由「危險」與「機會」拼出來的詞彙。

舉兩個接地氣的例子。

前幾年台北市長柯文哲處理大巨蛋問題時，老衲就聽一老師私下說，等趙董事長鋃鐺入獄，就可以買進他的遠雄公司股票，後來這老師果然買了，也賺了一個大波段。

另一個例子發生在最近，最近（2024/04）台灣的前總統馬英九先生，出訪中國，與中國國家主席習近平先生會晤；老衲有個朋友一聽到消息，便出手開始囤某檔旅遊股，後來兩人見面一結束，習先生果然釋出兩岸旅遊政策的善意，又被朋友大賺一波。

前後不過一兩個月時間，幾百萬已然入袋。

賺錢不必講政治立場，其實這個機會再簡單也不過；一來疫情過後兩岸旅遊冰封已久，即使沒有好消息傳出，也不過就是保持現況而已。

二來，即便是公司大老闆之間的會議，底下的小嘍囉也會提前、預先溝通好一些事情，才讓老闆出馬做面子；更何況是這種國家級的領袖人物，難道出發前沒有人先溝通好事後的政治條件？

更不要說幾年前，郭台銘董事長就說過「台灣會缺電」；而今年（2024）上半年最紅的題材，就是缺電概念股——股市總是把「危機就是轉機」這句話，發揮得淋漓盡致。

尋找有賺錢空間的標的，方法有很多很多，不過老衲以為最簡單、也最直覺可以想到的方法，就是「如果巴西下雨就買

星巴克股票」；這好比在比武中賣個破綻，讓敵人攻其必攻。
最古老，也最有效。

市場先生的下一步 16

買進前就要先想好倒貨的話術

江湖傳言：「會買的是徒弟，會賣的才是師傅。」今天就來談談如何賣出股票的問題。

絕大多數的人，都認為股票有一個「絕對」的價格，可以約略計算出這檔股票的價格波動；所以可以在 50 塊買入，在 100 塊賣出，其實這個說法是有一點點小問題的。

第一：我們永遠無法算出一檔股票到底多少算合理？多少又算是不合理？

以上這條或許會有些人不同意，不過老衲可以用「反證法」的方式來證明；意即：如果股票有一個價格是「合理」的，那麼這檔股票會永遠停在這個價格，不會波動。

而既然股價是會波動的，而且極其劇烈（許多股價的波動幅度，若按照統計學常態分配來算，可能一萬年也不會出現一次才對），那代表一件事：股價天天都是不合理的，又或者說，天天都是合理的，卻也不合理。

第二：所有的投資大師都會告訴你：『要忘掉價格』──如果我們思考著用 50 塊買入，100 塊賣出，又怎麼能夠『忘掉價格』呢？

投資學最難看懂的地方，就是各種理論充斥著各種底層邏輯的相斥與衝突，老衲後來認識一個市場土力，才把這個底層邏輯的衝突給完全理解消化。

散戶的思維很簡單,差不多就是:我要用50塊買入,100塊賣出。

而主力的思維不是這樣的,主力會思考:我要用什麼消息來將股價打下去,然後收貨;最後再用什麼話術來哄抬股價,趁機倒貨。

發現了嗎?主力思考的完全不是股價的「絕對值」,而是一個「相對值」;更進一步說,市場主力,在買入時就在思考賣出時的話術了,這完全是與散戶的絕對值的股價思考,不同維度也不同深度。

細思極恐,賣出時要想的不是目標「價」,而是目標「話術」,甚至要在買入時就想好——這就是高一個維度的市場買賣藝術,散戶會賠錢還真不是沒天理的。

市場先生的下一步 17

對的方法短期未必能賺錢，錯誤的方法長期也未必會虧錢

股市很好玩的一件事情就是：「對的方法短期未必能賺錢，錯誤的方法長期也未必會虧錢。」聽起來很違反直覺，不過老衲以為這正是股市真正的樣子。

所以看到很多人用錯誤的方式賺錢，不必羨慕；而很多人用正確的方式卻還沒賺到錢，也不必取笑——以上觀點若有反對的，不必急著反駁，自己深思一下可也。

李佛摩 Jesse Livermore 的操作方式當然是錯誤的，可是吹捧他的《股票作手回憶錄》（Reminiscences of a Stock Operator）到今天仍被視作經典，這本書當然可以看，不過要當作反面教材與作家的刻意吹捧來看，那才真實。

（岔開一說，其實這種作家為了自抬身價，而去胡亂追捧歷史人物的風氣，在美國流行很盛；除卻 Edwin Lefèvre 追捧李佛摩之外，後來還有 Irving Stone 寫的梵谷傳記《Lust for Life》）

（Irving Stone 是一個天才作家，他原來寫電影劇本與偵探小說，皆未紅，後來在 1930 年代美國經濟最蕭條的時候，突發奇想，以梵谷為藍本，刻意塑造一個窮苦潦倒瘋狂藝術家的形象，雖然與真實歷史相差甚遠，不過在 1934 年出版後仍是

一炮而紅。）

（天才作家總能夠嗅到時代脈動，寫出激動人心的作品。）

其實這種錯誤的方式卻能夠一直成功，並不稀奇；好比社會上有無惡不做的壞人，最後依舊是能功成身退，安然善終。

很多人會說：只要能在股市中賺錢，那就是對的方法。老衲以為並不盡然，好比做妓女最能賺錢，但你能說那是一個好方法嗎？

錯誤的方法與正確的方法，都能賺錢；不過錯誤的方法常常在一兩次的打擊後，就很難翻身，而正確的方法長期來看，是穩賺不賠的，也不會有翻不了身的問題。

為什麼錯誤的方法很難翻身呢？因為已經形成「路徑依賴」，這與妓女的心態很相近，倪匡老爺子曾經說過：「一個女子做了妓女，一次也好，一萬次也罷，心理上的影響都是一樣的。」

《流與離之島》中寫過一個傳奇妓女的故事，最後她到底活得怎麼樣了？實在是很想知道呵。

市場先生的下一步 18
買賣股票需要膽子很大嗎？

常常聽到很多人會說一句：「買賣股票，要膽子大；因為股票跌很慘的時候，大家都不敢買，而你要勇於買進。」意思就是，心理素質要很高，要敢於承擔風險。

這個說法對嗎？老衲以為不是這樣的。

先說一件往事，老衲年輕的時候與朱四爺爺學過太極拳，當時他常批評市面上的太極：「叫別人手放鬆，可是當對手真的有巨力襲來的時候，又有誰可以真正做到手上放鬆，心底也放鬆？」

四爺爺解釋：「一件事情沒有，需要另一件事情來補；也就是說：手上力量沒了，需要另一股力量來補才對，而不是一味地手放鬆，卻沒有另一股力量來補。」

以四爺爺教導太極內功『生生功』而論，就是除了將手放鬆，還得將「環跳穴」─「命門穴」─「膏肓穴」之間的筋膜練開練鬆；如此一來，底盤的力量就可以上達於手，或者說丹田氣便能充盈手上；此時手一鬆，有另一股內勁、內力補上，所以遇到對手的巨力，便能應付裕如。

（老衲與朱四爺爺學習太極拳的故事，請見《流與離之島》。）

買賣股票也是這樣。

股價下跌時，一味地要求投機玩家「增強心理素質」、

「膽子大」,就跟太極拳一味地要求「對手巨力襲來時還是要保持手上放鬆、心裏放鬆」一樣;說到底這非常違反人性,最多只是一種催眠,不起任何實際作用。

真正克服漲跌的恐懼,應該用另一套心理框架(Mindset)來思考。

我們應該思考,股價是由X與Y組成。

令:X為股票真實價值,Y為股票的心理價格(溢價或折價),而兩者均為正數。

即:只需思考現實的股價,是X+Y亦或者是X-Y即可。

如是 X+Y 即知道此時股票已是心理溢價之作用,價格偏高,可以「高賣」,而如是X-Y則此時股票已是心理折價之作用,價格偏低,可以「低買」。

因此,應跳脫原來面對股價崩跌時的恐懼,而以 X-Y 視之,就會自然知道這是一種正常的定價現象,而不會囿於價格崩落的直觀恐懼心理,反之亦然。

最後,在實際操作上,X 與 Y 都不需要算出真實的數值,只要判定是哪一種狀況就好——因為股票不過是「低買」與「高賣」而已,不是嗎?

市場先生的下一步 19 ─────────

兩個投資的基本功

　　天底下任何事情，都有所謂的基本功，投資也不例外。

　　以老衲的偏見看來，投資的基本功只有兩件事情：第一就是天天看產業經濟報紙；第二就是寫交易日誌。

　　（正經人誰寫日記？）

　　看報紙很容易理解，那就是要培養對於國內外政治經濟與產業方方面面的消息靈感，一有關鍵消息，就可以做相應的動作；而寫交易日誌，則是要拿來「實驗」與「檢討錯誤」的。

　　「實驗」，比如說以甲理由買進的，當以甲理由實現、或者消失作為賣出依據，而不可以乙理由的實現、或者消失，作為賣出依據；長此以往，只要控制的變數越縮減、越簡化，必可實驗出一套個人的高勝率進出準則。

　　而「檢討錯誤」，就是要優化以上的「實驗」系統，投資最大的心魔與練武功一樣，就是不敢面對自己真實的缺點然後做改進──其實不敢面對錯誤，那才是最大的錯誤。

　　當然，投資（投機）是藝術而不是技術，以上所說的基本功，那都只是笨功夫而已，不是出類拔萃的關鍵，也不會是成為80/20法則中那塊賺錢的20族群的樞紐。

　　投資學真正的核心，在於要極其廣泛地閱讀與獨立思考，舉凡天文地理歷史人文小說鬼神哲學工程無所不看，無所不想；所謂「功夫在詩外」，真正的功夫向來不是靠有形的死板

訓練可以達成。

舉個例子，在1800年代前，英國曾經受經濟學祖師爺亞當斯密的影響，與法國簽訂了Eden Treaty，為的是要兩國自由貿易，相互降低關稅；而1800年代後法國拿破崙政府上台，打不下英國，最後不只是提高關稅捨棄前約而已，更翻桌子，使出「大陸封鎖」（blocus continental）政策，索性完全禁止英國的所有貨物賣到歐洲大陸上來。

最後還是俄沙皇那邊鬆動了，偷偷幫著英國國王轉賣兜售英國商品，據說連拿破崙最鍾愛的約瑟芬皇后，用的也都是英格蘭棉布織成的裙子。

最後拿破崙無言，硬是想通過戰爭將沙皇這等商貿轉運站給打下來，沒想到雖然沒賠了夫人，可也是損兵折將，更間接導致拿破崙帝國的瓦解。

歸根究底，還是那筆貿易戰起的頭。

最近（2024/05）拿破崙又封鎖了英國貨物好久，而英國國王出訪沙皇，想要重施故智，再來請沙皇做一次商品中介貿易轉運站，藉此以打破拿破崙的封鎖——歷史不會重彈，可總是押韻。

英國的貨物本來可以直接走多佛海峽（Strait of Dover），從倫敦港直接到加來港Calais；可是現在因為封鎖政策的關係，得走波羅的海至聖彼得堡港口，才能將貨物運進歐洲大陸⋯⋯這一來一往，是誰受害？又是誰受益？

任何政治決策都有人受害，也都有人受益；具體該如何投資？大家可以有自己的答案。

市場先生的下一步 20
如何看看報紙就賺大錢？

老衲以前上經濟學的時候，印象最深刻的就是經濟學教授說：「凱因斯就是每天晨起看看泰晤士報，投資就賺了大錢。」老衲當時心想：『這凱因斯看報，肯定有竅門，那不然怎麼解釋別人看報紙投資，都是虧錢；偏偏凱因斯看報紙，都是賺錢？』

很多年以後，老衲終於想通了這道理，這道理，得與巴菲特說過的一段金句結合起來看。

巴老說過什麼呢？他最有名的金句，那就是「別人恐懼的時候我貪婪，別人貪婪的時候我恐懼」，把這句話結合到看報紙上頭，就可以得出：「看到壞消息，要『準備』買進；看到好消息，要『準備』賣出」。

每一條消息，都是一條小小的恐懼與貪婪。

當然，為甚麼不簡化說成：「看壞消息就買，看好消息就賣」呢？為什麼又要在這其中加上「準備」二字？

是因為：有一個限制條件要考慮在其中。那就是我們手上的籌碼（金錢、資本）是有限的，所以不可能看到每一個壞消息都買，看到每一個好消息都賣——是故，只能再加上一個「準備」，作為投資節奏的調節器。

但無論如何，這是一字萬金的投資心法，「看壞即思買，看好即思賣」，光這十字訣要，可以助你至少賺十倍以上。

莫因易得而輕視之。

市場先生的下一步 21
鑑往知來可以賺大錢

　　唐太宗有一句名言：「以史為鏡，可以知興替」，其實「知興替」，並不要緊；最要緊的是可以「賺大錢」。

　　投資股市，需要的背景知識很多；不過以老衲的斜眼來看，最要緊的知識還是熟讀歷史，其他的如 KD 指標技術線圖、籌碼分析與財務報表，其實都不是那麼重要。

　　前幾回有說過「行情往往從危機中開始」。不禁想到上世紀石油危機的 1970 年代，有許多全球性的海運公司陸續倒閉；而 1980 年代初期的經濟衰退後，卻忽然迎來全球海運的大多頭。

　　前幾年（2016年），南韓的韓進海運倒閉，消息傳遍全球，懂行懂歷史的人馬上就看到機會，陸續開始佈局海運；而後來發生什麼事，大家也都知道了。

　　像這種機會，就是三年不開張，張開吃三年的機會；讀歷史，即使一輩子只用到這一次，也是值得。（就跟武術防身一樣，練武，即使一輩子只用到一次能助你脫離險境安全離場，也算是回本大賺。）

　　看報紙看消息，內行看門道外行看熱鬧，看的到底是什麼？大夥不妨自個好好體會一下。

　　前幾年 4G 換 5G 時，台灣前幾大電信商瘋搶 5G 頻譜，雖然一般老百姓並不買單 5G 網路，可是這些大電信商是不得不

買單的，因為只要一但投入的頻譜落後，就代表著市場份額的出局。

（那一波的大潮，也是市場重新切分餅的大潮；台灣的電信商由五大變為三大，老衲買入某家電信商，也小賺一筆，這種市場重新切餅的機會，不多見，不過千萬不可放過。）

同樣的道理，今年（2024）最火紅的題材就是黃仁勳黃大哥的 AI 晶片，但深入想想，一般的 toC 產品如 PC 等，真的需要這個 AI-PC 嗎？而 to-B 的產品如 IPC，會不會更需要這樣的 AI 晶片呢？

就是靠著這個簡單的想法，在 5/10 買入凌 x（投機大師科老說，要買整個產業中偏弱的公司），於五月底這檔 IPC 股票已經漲了約 35%——這就是靠歷史產生投資、投機想法的全過程。

註：在網路上連載這篇的時候，恰逢2024/5進行一筆操作！即是在5/10凌x公布慘烈的第一季財報與四月營收時，買入凌x；買入的主要思考點也是依照歷史的類似模式思考。

市場先生的下一步 22

猜不中漲跌，但可以種下種子

　　股市很難（或說不可能）猜中漲跌，但你可以種下種子。

　　想像一下，如同前幾回說的，股票賺錢的機會只有三種：甲是市場擴大、餅擴大；乙是市場萎縮到極點，否極泰來，餅回彈；丙是市場重新切割，比如產業重組、企業聯盟重組，等於是餅重新切分。

　　簡單來說就是餅的大小問題，與如何切餅分餅的問題。

　　所以，當我們看到機會時，必定要是一個「餅」的機會；然後在適當的時機「種下種子」（買入好價格的股票），接著靜待時機，發芽結果。

　　比如說老衲的核心持股中有一檔碼頭事業股，從2020年抱到現在，中間歷經幾次暴漲暴跌也沒賣掉，只是一路加碼，從25塊買到50塊，深信它有天肯定能夠上三位數。

　　為什麼會如此判斷？因為台灣政府這幾年強調「台灣價值」，許多台商如鮭魚回流，陸續在本島建廠，從 2020 年蓋到今年（2024）也沒蓋完；待得這一批工廠建成，總要從碼頭進貨然後從碼頭出貨吧？屆時碼頭生意，還不會大大的火熱朝天？

　　當然還有一個投資碼頭生意的理由是：自古以來碼頭文化就是拳頭大的文化，超級有趣。

　　綿拳祖師孟廣裕的師父，就是一位湖南排客（當時木材都

是一排一排以水運貨,故木材商被稱之為排客);湖南西部山多地少,又佔沅水─長江的水利之便,自古以來就是中國的木材出口大省。

彼時的湖南排客高手輩出,除了要與各路青幫打交道之外,還得與碼頭工人爭利;分給碼頭工的錢多了,那排客賺不到差價,但若分給碼頭工的錢少了,那些工頭們肯定也是不幹。

(碼頭工的領袖謂之工頭,一般來說船商只會與工頭接觸,由工頭找人;所以有許多工頭佔著此位不做事,光靠抽佣與收賄即可生活。)

(人類關於統治與被統治的生態,不需要看到國家層面,由一個小小的碼頭便可觀察出來是多麼的富有腐敗性。)

在集裝貨櫃還沒在 1970 年代因越戰而被大量運用之前,碼頭生意的很大一部分利潤,都是被碼頭工人所瓜分,但這批碼頭工的勞務分配相當地不平均;比如今天有一船生鮮雜貨需要卸載,需要大量的碼頭工來搬運,可是隔天,這群勞力工作者卻可能完全找不到任何一船一貨的工作。

也就是說:碼頭需要大量密集的勞工,來應付尖峰時刻的卸載搬運,但低谷期卻幾乎完全不需要他們。

是以碼頭工長期活在一個時斷時續的工作序列中,這在經濟學上稱之為「租值消散」,所以會各自「尋租」──也就是「搶工作」──意即:有大量的勞工蹲點在碼頭附近等工作,待一有工作需求產生,則大量的密集勞力會開始爭奪這項勞務工作,其中涉及打架、乞求、賄賂、巴結、拉關係……這從英國的愛丁堡、法國的馬賽、美國奧勒岡州的波特蘭,甚至到紐約港都是如此。

碼頭工的這個階層十分特殊，因為他們融合了需要大量體力、不定時，與孤立性（絕大多數的碼頭工，祖孫三代都是碼頭工，而且一輩子沒換過工作），也因此，形成了他們與眾隔絕的特殊文化。

　　全世界的碼頭工，自古以來差不多都是這樣：能喝酒、自認能幹任何粗重的力氣活，粗獷與隨性、講義氣的人才能在群體中獲得認可——還有，在熱兵器普及之前，碼頭工中多的是各式武術搏擊高手。

　　回族的心意六合拳，在歷史上第一次傳給漢人，就是清末河南周口的袁鳳儀先生傳給了宋國賓，宋氏約在1917年帶著此拳來到安徽的蚌埠港，一開始在異地闖出名聲，就是把此拳教給一眾碼頭工人讓他們去搶工作，因而聲名大噪。

　　碼頭生意如此有趣而淵遠流長，難得有機會台灣這個大海島有碼頭重振的商機，自是不可錯過；當時（2020）聽到蔡英文政府推動台商回流的政策，想了想，立時找了間碼頭企業投資，不計漲跌，有錢就買，把它當作一門好生意來看待。

　　投資法門無他，不看漲跌，只顧種下種子，便可靜待春暖花開的一天。

市場先生的下一步 23

看市場（規模），不要看產品（優劣）

上回說到，投資、投機，都看的是餅（市場），這件事非常重要，值得再講一回。

很多人買入股票，不看市場，只看產品。

他們寄望於甲公司出了一個很厲害的「產品」，然後可以幫助公司的業績一飛沖天，股價漲破天際線——其實這樣的機會微乎其微。

可以去統計迴測一下，到底有多少公司能因為單一產品的推出，進而讓股價推升出一個顯著性的漲幅？

真正能夠大幅度推升股價的，是該市場的規模，而非個別產品的優劣。

也就是說，需要有結構性、決定性的轉變，股價才會大幅度揚升。

當然有人會想到一個例外，就是 Apple 公司推出 iPhone 這個產品以後，股價一飛沖天；但這個例子其實恰恰說明：「要看市場，而非產品」。

因為 iPhone 這個產品，嚴格來說已經與過往的 phone（手機），定義完全不同；也就是說她開創了一個新的市場，而且這個市場的規模仍是深不見底藍海（以當年推出時為例），所

以看的仍然是市場，而非產品。

iPhone 後續再推出其他代的產品，就沒有當年一開始的那種「進入新時代（新市場）」的效果。

Nvidia 的 GPU 亦然，不過卻是另一種型態的案例；因為前幾年數位貨幣的挖礦熱潮後（2013-？），後續要接著人工智慧（AI）的需求，使得這個市場一下變得極大；所以 2023 年 Nvidia 的 GPU 一下才變得那麼炙手可熱，一切的一切，終究還是因為市場的各種因緣俱足，規模變大，那個特殊的決定性產品，才有改變公司股價的機會。

對了，其實所謂的 AI 熱，早就說了很久；但為何到 2023 年才大爆發？因為此前大數據的各式存儲技術仍不到位，AI 最重要的兩個核心，一是海量數據，第二才是運算速度；大數據的領域早已研究十年有餘，各式倉儲技術到位，此時 Nvidia 的 GPU 一推出，才是「只欠東風」的千呼萬喚局。

看一家公司，最重要的就是看它的「市場規模」（也就是餅），也就是「有多少潛在的顧客」、「有多少人、多少錢會為這家公司的產品或服務買單」？想回最簡單的情況，《國富論》中說的英國人賣羊毛織品法國人賣葡萄酒，於是兩國開始有了貿易。

一家公司最大的價值是，能夠提供 種商品或服務，讓潛在的顧客買單，這就是市場規模；而這個市場規模的「想像空間」越大，那麼股價就會越高──當然，如果市場對這一塊的餅的想像空間很大，那就會引來其他企業跳下來「分餅」，那麼單看某家企業，也未必能夠分到一塊大餅了。

比如說電動車可能是未來，大家都知道；可是中國的電動車產業已經進入到割喉血腥戰，那麼這塊餅即被切的很碎片

化,也就未必能夠投資這塊產業。

經濟學中,需求與供給,講的都是「餅」;而邊際與效用,講的則是「成本」。前者是以宏觀角度看整個市場,後者則是以微觀角度檢視單一企業或個人;觀察整個市場的變化,目的是要知道「大金流」的走向,知道「大金流」的走向,才是投資與投機致勝的不二法門。

市場先生的下一步 24

說說credit這檔事

　　老衲年輕的時候常常不明白，為什麼自己一身才華，卻總沒有老闆賞識？

　　出來混社會混了幾十年以後，才略有一點小小體會，可以總結一點心得。

　　簡單說，現實的社會是這樣的：你要有足夠的 contribution，才能換來足夠的 credit，別人才會給你夠難的 mission；而你解決了夠難的 mission，老闆才會給你更高的 title。

　　這幾個字很難翻譯成中文，尤其是 credit；在英文中，credit 可以當作「戰功」論，也可以當作「信用」來說，又或許在洋鬼子腦中，這兩者根本是一回事。

　　舉個例子：巴菲特出道時只管理十萬元美金的資產，因為投資得有聲有色，聲名鵲起；後來遇到一個大律師，想也不想便把全副身家二十萬元（1950年代的十萬元美金）通通交給巴氏管理。

　　為什麼呢？大律師說，那是因為巴菲特的credit。

　　再舉個例子：文革初始，鄧小平受牽連被下放到江西去修拖拉機；不過三年以後，元帥墜機，中國一片大亂，最高領袖手一招，又讓小平同志恢復了國務院副總理的職務。

　　這麼著，有點像當年年羹堯連降十八級的味道，也有點古詩當中「朝為田舍郎，暮登天子堂」的戲劇性。說到底，那還

是小平同志在最高領袖心中的「credit」在起作用。

當然，你要獲得別人的 credit，得先付出足夠的 contribution，而 credit 越大，賦予的 mission 越難，最後能得到的 title 也會越高——這一點無論在任何組織內部，抑或者是在社會上單幹，都是這理。

幾年前台灣政壇有一位天才選舉家，靠著搞定一家小農會，居然民氣可用選上地方首長；可惜的是，此人被「一舉成名天下知」的得意忘形給沖昏頭，竟想要直攻至尊大位，最後的下場自是：contribution 不夠，credit 自然不足，credit 不足，自然也搞不定黨與人民給他的 mission，也無法獲得他想要的 title。

Credit 既是戰功，也是信任，無論是來自大眾或者是老闆的信任，那都是你唯一能帶著走的職場籌碼。

有些人說老衲在武術圈紅得沒有道理，也是因為他們實在不明白這條混社會的法則；老衲寫過那麼多真實的武術秘傳，也算是對武術界有小小的 contribution，自然會獲得武術界朋友的 credit，稱俺一聲：「衲師傅不簡單」、「江湖人稱：老衲大師」、「衲師真是天才型的武家」云云，獲得這些俺視為浮雲的虛名（title）。

再深想一層，其實你能付出多少 contribution，完全來自於你的「格局」；「格局」不夠大的人，即使拼得累如喘狗，給出的 contribution 也盡是些小打小鬧的玩意，是無法獲得大 credit 的。

這一點展開來說的話，太殘酷，就不展開說了。

最後再說個玄的：老衲縱橫股海幾十年，總是覺得有一個冥冥之中的「金錢之神」在照看一切；當你真的金錢格局夠大

時,那「金錢之神」總是會用各種方式,來晉升你達到你應有的位階。

比如說你可以玩得動十萬元時,金錢之神總是會讓你賺到十萬元;而當你玩得動千萬元時,金錢之神也總是會莫名奇妙地讓你賺到千萬元——很多事情非憑人授,但憑天利,就是這麼奇妙。

當然,如果你的金錢格局只玩得動百萬元,可是你卻意外地賺了上千萬;這種時刻總是很快,半年,至多兩、三年間,金錢之神總是會讓你賠回原來百萬元的格局。

「金錢之神」要的是你幫祂將「大金流」流向正確的位置(mission),當你做到位(contribution),便能獲得祂的credit,也就會得到祂給你的賞格(title, or level)。

市場先生的下一步 25

將股市想像成一座大賭場

老衲一向認為：將股市想像成一座大賭場，比將股市想像成一個投資的籌資中心，要心理健康得多。

太多人就是被「投資」兩個字騙了一生，而更多的人是被「長期投資」這四個字給騙得輸光家當。

反正只要虧錢、套牢，「投資人」總是可以用「投資」、「長期投資」等名詞來催眠自己，這套讓你自己說服自己的騙術與話術，比真正的賭場更險惡。

不如咱就先下手為強，把股市想像成一座大賭場，逼自己用面對賭局的冷靜來面對股市。

只壓自己有把握的牌──這是在賭局裏勝出的唯一訣竅。

老衲年輕的時候賭牌，在小房間裏的那種私人賭局，最討厭的就是那邊上放的計時器；任何賭局，只要籌碼一大，時間一晚，莊家肯定拿出計時器來逼玩家盡快下注，更甚者讓你連想的時間都沒有，就是一直丟牌、跟牌、喊牌最好。

常常看到很多玩家，前頭贏得順風順水；待得莊家的計時器一拿出來開始搭搭搭計時逼逼叫，就開始陣腳大亂，丟盔卸甲。

而股市中最棒的就是：永遠不會有人拿出一只計時器逼你盡快下注──這也是巴菲特說的：「股市中沒有三振，所以別急著揮棒。」

耐心是賭場中最重要的事情。

又,提到耐心,再多說兩嘴。

香港精通吃喝嫖賭的名作家周顯說過一個故事:一好友知道周顯神通廣大,求搭把手,介紹華人世界地下第一賭神莊sir給他認識,周顯笑道:「你即使認識莊sir,也無法成為職業賭徒。」

周顯解釋:「賭博作為一種專業,求『贏』不求『賭』,因此除了賭技知識之外,最重要的便是『耐心』;據說莊sir去玩百家樂,一副牌發完最多只下兩注,如此耐心,誰學得過來?」

機會是不常發生的,所以才叫機會;一個把把牌都跟的人,賭技再精,最後也是輸光的份。

(對了,莊 sir 何人也?簡而言之,即是電影《賭神》的原型。據說此人以賭馬起家,其後轉戰百家樂,身家在八十年代已超過十億元,後來在股市中運用同一套賭博心法也大有斬獲,是香港地下世界中,名頭響噹噹的人物。)

其實機會就好比等公車,一班沒搭到,就等下一班車;台灣八零年代最賺錢應該是股市,九零年代最賺錢應該是電腦行業與房市,兩千年後運最好的應是電商與網路,一零年那一波則是智能手機與比特幣。

老衲有個小妹妹,一零年前後加入一家沒沒無聞的智能手機相關行業,十年間伴隨著公司業務成長到上櫃上市,一路從行政轉專案經理再轉戰業務,最後做到業務部副總,薪水從入行翻了三、四十倍。

──什麼叫時勢造英雄?這就叫時勢造英雄。

勢不來、運不來,任憑你上竄下跳也無從發揮;運來勢

來,站在風口上的豬也能起飛,更何況原來就是人中龍鳳呢?

桔梗說過,要仿魯本斯(Peter Paul Rubens)不難,難的是你要如他一般對織物、金屬、光線,與皮膚的觸感,要有足夠的耐心去一層一層做細緻地表達;現代畫家並非不知道十七世紀法蘭德斯 Vlaanderen 畫家的技巧,但主要是現代人沒有那份耐心了。

練武功當然也是這樣的,賣油翁的典故,耐心可以致熟,無非手熟、體熟,心熟而已。

市場先生的下一步 26
崩盤的徵兆

帶老衲入行炒股的師傅曾說:「當政治與經濟雙重看好,就是我們要出清股票、打包走人的時候。」

(也可以想想看,這句話如果反過來說,對嗎?當政治與經濟雙重看壞的時候,應該要將身家 all in 嗎?想想。)

仔細再做深一層的思考:股市就是一個大池子,只要有人一直往裏頭砸錢,那麼就還有得炒;但若所有人的錢都已經在股市的池子裏時,那麼……

所以邏輯鏈應該是這樣的:崩盤的徵兆,就是所有人的錢都在股市的池子裏(是以沒人有新的錢可以砸進去);而如何可以觀察得到所有人的錢都在股市中呢?那就是所有人都在「樂觀」。

或者說:開始進行「全民炒股運動」的時候、開始天天報紙的頭條都是「某某股票漲停」之類的訊息的時候。

當:所有人都樂觀,所以所有人都將錢砸進股市,也所以:再也沒有人有新的錢可以砸進去——那即是股市開始崩盤的時候。

《大賣空》The Big Short 的原型人物 Michael Burry 在 2005 年的時候,就已經觀察到兩房的次貸債券有問題,所以大約在 2006 年開始建立空頭部位;不過這一些空頭部位要到 2008 年金融海嘯的時候才完全爆發,中間的曲折與心理壓力,《大賣

空》電影中都表現得淋漓盡致。

這裏頭有一件事情很值得思考,那就是為何在 2005 年時,次貸債券就已經是肉眼可見的估值過高,但為什麼要到 2007、2008 才完全泡沫化?

老衲以為,那是因為某些人「還有錢往池子裏砸」。

(再次呼應「市場行為」、「情緒」重於「估值」。短期的估值可以有極巨偏差,觀察市場行為與情緒可能會更加準確——在買賣時機的判斷上。)

對了,提到崩盤二字,肯定有很多人聯想到台灣房市。其實任何炒作標的都是這樣,只要還有錢可以往這個標的砸,它的價格就還有往上的空間;台灣的房市現在還會不會有人把錢往裏頭砸呢?自己摸著良心想想,也就明白了。

市場先生的下一步 27

現金就是空氣

「現金就是空氣。」

「在股票大漲的時候,會覺得渾身三百六十五個毛孔都呼吸通暢;此時,要抽出一點空氣(現金)儲存下來。」

「在股票大跌的時候,無法呼吸,這時候就可以拿出儲存下來的空氣(現金)來選注押注。」

「任何時候,都要保留一點空氣(現金)。」

「注意你的呼吸,隨著你的呼吸來調整現金部位大小,是最精確的方式。」

「好好記住呼吸不過來的時候,口袋又沒有現金的感覺,然後再也不要犯相同的錯誤。」

By 久遠以前師傅的告誡

市場先生的下一步 28

「九陽神功」與「乾坤大挪移」

　　金庸先生寫過一個妙喻：「九陽神功」與「乾坤大挪移」；原文小說甚妙，不抄書，大夥自個尋來細讀可也。

　　投資、投機學中的「九陽神功」與「乾坤大挪移」是什麼呢？老衲以為，是「總體經濟學」與「市場心理學」。

　　如果只會「市場心理學」，那麼便如「一個七八歲的小孩去揮舞百斤重的大鐵錘，錘法越是精微奧妙，越會將他自己打得頭破血流，腦漿迸裂」，甚至入了技術分析的魔道。

　　但如果只會「總體經濟學」，可能「只覺體內真氣流轉，似乎積蓄著無窮無盡的力氣，可是偏偏使不出來，就似滿江洪水給一條長堤攔住了，無法宣洩」。

　　喜歡投資與投機的朋友，一定要二者雙修，方有大用。

　　對了，說到「總體經濟學」是如九陽神功一般的真經，還是要多提兩嘴。

　　很多人（包含經濟學專家）所修的「經濟學」都只是「定值分析」，而不是「動量分析」，如果你的總經學的只是「定值分析」，那麼坐一名股市名嘴、或經濟學教授，是綽綽有餘；但若要在股海中翻江倒海，把股市當作提款機，那是遠遠不足。

　　定值分析，像是水管的一個剖面直徑的數字；而動量分析則是水管裏的水流大小、速度，與衝量。

定值分析是靜態的，只是看某個數值的高低做解釋，其實這很「刻舟求劍」；比如說利率，三十年前可能 20% 利率是優惠利率，三十年後可能 2% 利率就已經很優惠——所以要怎麼解釋眼下的 5% 利率究竟是高是低呢？

　　比較好的想法，對於總體經濟的思考，應該是動量分析，也就是動態地去思考整體的經濟流動狀況；比如說將美聯儲的升息想像成一種銀行對大眾手上現金的「吸力」，美聯儲不斷地提高利率，其實就是在增強這個吸力。

　　可是為什麼始終還是無法將現金吸回銀行呢？因為另一道水管（經濟學者會說是另一個邊際），公開市場操作公債的部分，美聯儲之前印了太多錢去將市場上的公債買回，造成人量的美金落入這些，原來持有美債的資本巨獸手中。

　　（金融海嘯前，美聯儲手中的美國公債只有九千億上下，金融海嘯後印出美鈔收回資本巨獸手中的公債，使得美聯儲手上的公債規模達到四兆多；後來又因疫情，一路印錢送給資本巨獸現金，來換回美債，使規模達到接近九兆。）

　　（不提經濟學用語，簡單地想可以等同於美國從金融海嘯後，除了常規的發行量之外，另外開外掛，多印了八兆上下的美金，去丟給那些原來持有美債的資本巨獸。）

　　（這些資本巨獸，會將手上的美金投到哪裏去呢？有沒有覺得金融海嘯以後，所有的東西都大漲，房價一去不復返？）

　　不需要複雜的數學方程式，單用常識想想看，以目前美國 5% 的利率，是否能將資本巨獸手中的七、八兆美金，重新吸納回去銀行中？又或者可以跟美聯儲重新換回美國十年期公債？

　　如果老虯是資本巨獸，一下子美聯儲印了幾兆美金給俺，俺肯定大撒幣，全世界買房，然後全世界挑選各地美女陪俺到

處尋歡作樂，紙醉金迷——美聯儲升息 5%？哼哼，俺就給全世界的房產加租 5% 抵扣——誰要還錢？是不是？

說到這，可以再接著提一嘴「市場心理學」；很多人以為分析市場心理是分析散戶的心理——錯了，散戶是傻逼，分析傻逼的心理幹啥呢？照照鏡子不就得了？

市場心理，分析的當然是大戶的心理，是那些至少幾千萬美金在手的大戶的心理。

舉個例子：在 1970 年代全世界經歷兩次石油危機，當此之際，那些超級有錢人，如果有些頭腦的，會做甚麼應對呢？

「危機就是轉機，轉機就是商機，所以危機也就是商機」——油價高漲，中東王族們拿翹不運石油給大夥，大夥怎麼辦呢？所有的錢，所有的 Big Money，肯定蜂擁而至到那些可以解決石油漲價的企業手中，對不對？

1980 年後，日本的車商全面擊垮美國車業，甚至連美國原來的產車大城底特律 Detroit 都成了鐵鏽帶 Rust Belt——為什麼美國的汽車工業會被擊垮？因為在石油危機、油價上漲上，美國車沒有日本車省油。

見到日本車那麼省油，又見到油價當時市是如此的不穩定；如果老衲當時有錢，肯定全面從美國車業中撤資，轉身投去日本豐田 TOYOTA，是不是？

這就是大戶的心理，這就是分析市場的心理；當然這樣的分析，對經濟的瞭解不可或缺，或說是相輔相成，同氣連枝。

此之謂「九陽神功」與「乾坤大挪移」的組合技。

最後忽然想到，一直以為金庸先生的許多取名十分厲害，如「乾坤大挪移」這種好名字也是信手捻來；後來看了《蜀山劍俠傳》之後才知道，原來「乾坤大挪移」是還珠樓主的典

故,講的是一種能夠搬山倒海的大法術。

畢卡索說:「好的藝術家『抄』,頂級的藝術家『偷』。」——創意的秘訣在於隱藏出處,量產的訣竅就是將已經有的東西,用自己的觀點再說一遍。

誠哉斯言!

市場先生的下一步 29
會買比會賣重要太多

股市中常常有一些似是而非的荒謬口訣,比如說「會買是徒弟,會賣才是師傅」——這句話根本大錯特錯。

老衲年輕時曾經倒賣過犀牛角(詳情請見《流與離之島》),對做小生意的道理也算是略懂一二,其實做生意最重要的不是如何拉高價格,而是如何壓低成本。

比如說一件假陽具,別人進貨成本是100元,賣120元;如果你可以進貨在90元,那基本上你就已經贏了這場商業競賽。

因為你可以有兩個選擇:

一:一樣將假陽具的定價定在 120 元,然後不時打折 115 元甚至 110 元出售;但此時你的利潤仍與對手持平甚至更高。

二:你可以將假陽具的定價直接釘在 110 元,此時雖然你與對手的獲利一樣,可是你的口碑絕對會比對手好——平平都是假陽具,一樣的震動幅度與頻率,一樣的外型貼合類人體海綿組織——可是你的定價就是比對手少了十元!

如此賣出,不但賺了利潤,更還賺了口碑。

以上這兩種定價策略,你完全可以交叉運用,最後將商業對手掃出市場;而一切的一切,都來源於你的入手價是 90 元,而不是 100 元。

所以說:「買」比「賣」更重要,與其挖空心思將定價拉高,不如你一開始就把進貨價格壓得低低的,只要你的進貨價夠低,後續怎麼玩對手,任如你便。

股票也是一種商業行為,尤其股票是一種「同質性」商品,道理自然也是如此。

所以很多人跟大戶、主力的單,最後都跟出事情來;為什麼呢?最主要的原因,當然是因為「買入價格」不一樣,你的買價沒有人家低,後面又怎麼玩得比對方花呢?

買價是本,賣價是末,本末而不可倒置,所謂「會賣才是師傅」云云,可以拋到腦後雲外去。

會「買」,才是師傅。

對了,為什麼舉假陽具做例子呢?當然只是隨口一說,絕對不是因為老衲年輕時也倒賣過假陽具呵!

市場先生的下一步 30

買股票不必太關注企業估值

　　買賣股票，其實不太需要關注企業估值；仔細想想，股票的持有者期望的只是股價上漲，而不是一間估值漂亮，且具有永恆的社會意義的企業。

　　在台灣股市中，電信股、塑化股，的確都是估值非常漂亮的好公司——但，值得購入嗎？

　　有一句俗話：「人無橫財不富」——這些「好公司」早就已經過了那個「發橫財」的成長階段，所以未必那麼值得購入。

　　如果想要靠投資、投機股票致富，那應該更多關注成長規模暴增的 Trigger，而非企業估值。

　　說到底，投機股票，是一個將股票囤貨、哄抬，倒貨的行為，跟囤大米、囤口罩、囤鬱金香⋯⋯是一樣的，應該關注成長規模未來的那項 Trigger；如果 Trigger 實現或者 Trigger 消失，那就反手倒貨賣出，才是正辦。

　　很多投資大師說過「不要和股票談戀愛」，而最容易讓人陷入情網的，恐怕就是所謂的「企業估值」。

　　股票買的是「未來」，而非已知的過去估值；所以買一間「有未來」的公司，比買「估值漂亮」的公司還要重要得多。

市場先生的下一步 31

買賣股票就是Timing、Timing、Timing！

買賣房地產有一句話：location、location、location。

如果換到買賣股票，應該是：Timing、Timing、Timing！

該抓什麼 timing 呢？

一般人會抓「聽到利多消息」的這個 timing，不過我們應該要抓「聽到利空消息」、甚至是「聽到大利空消息」、「等待大利空消息完全發酵」的這個 timing。

抓 timing，要將人性直覺扭轉過來。

當然，利空消息、大利空消息有很多種；聽到哪一種利空的消息可以買，哪一種利空的消息不能買，那是另一個故事。

時機（timing）重要，孔子被稱為聖之「時」者。

傳統武術中也有所謂的「拍位」理論，其理相通，亦是「時」與「機」也。

說到「拍位」論，其論的完整訓練內容早已失傳，只在老拳譜中留下隻字片語；很多人曾經解釋過或嘗試過，但老衲總覺得與古譜所述有所出入。

研究了大半輩子，最近終於想通此論，有空再一一寫將出來——或許是下一本書吧？

扯遠了，說回股市。

每次出手買股，都應該問自己：「這是不是一個好時機？」又或者更具現化一點，問：「這是聽到什麼『利空』消息，所以才買的？」

　　有本書叫做《事件投資法》，老衲以為內容不論，書名卻已得投資三昧；投資與投機，都不能無的放矢，沒有「事件發生」時，應該休息，而不是胡思亂想胡亂買進或賣出。

　　常常手癢買賣股票，就與在賭場手癢亂下注一樣，輸錢不遠；賭徒與贏家的差別，在於賭徒享受的是「賭」，而贏家要的是「贏」。

　　最好的買入時機，就是有利空事件的發生；而最佳的賣出時機，就是有大利多的新聞引爆。

　　買在利空，其實已立於不敗之地；至於賺多賺少，由得上帝做決定可也。

市場先生的下一步 32
資金大小、玩法不同

　　股市投資，隨著資金大小，玩法也不太一樣。

　　最初級的叫做「小資族」，再來晉升到「玩家」，再過來應該可以稱為「莊家」。

　　「小資族」的資金大概是三倍到五倍年薪以內，如果你的投資金額落在這個區間，那大概還是以正業為主，存股為輔，不要嘗試太多太深入的東西，投資報酬率在時間上並不划算。

　　再過來是「玩家」與「莊家」，這些人的資金已經超過自己的工作年薪五倍以上，所以在資本市場的報酬，會遠超過正業所得，因此，應該認真對待投資部位。

　　「玩家」與「莊家」的差別是：「莊家」具有撼動股價的實力，而「玩家」沒有。

　　一般來說，自有資金約略可以掌握該股票在外流通的一成，應該可以連手其它「莊家」來一起做莊。

　　不到莊家資格的，當然就是玩家；也當然莊家與莊家之間有很大差別，視該檔股票的資本額、在外流通股數等等決定。

　　巴菲特、彼得林區等等神人，那講的都是能做莊的莊家的玩法，並不適合小資族；就好比馬斯克的管理、商業邏輯，並不符合巷口牛肉麵攤的小開學習。

　　投資就是生活，生活就是鬥爭──孫子兵法有云：「知己知彼，百戰不殆。」在股市的搏殺中先認清自己處於哪一

個位置,是能夠長久在這賭場、或是提款機中活下去的先決條件。

市場先生的下一步 33

百分之一的人賺錢,所以要用百分之一的人才知道的方法

　　有人說股票市場只有兩成的人賺錢,剩下的八成都是在虧錢;老衲以為比例不是這樣的。

　　老衲以為:整個股票市場,約莫只有百分之一的人在賺錢,剩下的人不是打平就是虧錢。

　　如果同意以上敘述句,那就會知道:想在股票市場賺錢,要用百分之一的人才知道的辦法,而非百分之九十九的人都知道的方法。

　　如果再同意以上第二段的敘述,那我們可以做一個實驗:

　　去數間大圖書館,將架上所有的投資理財類書籍通通讀一遍,並將其中教你賺錢的方法做一個筆記,最後看看:到底是什麼方法佔大多數?什麼方法佔少數?

　　老衲讀過上萬本股市投資的書,可以肯定的告訴你;第一名的方法就是「技術分析」,第二名可能是「指數基金」如ETF等。

　　……

　　停下來想一想,有沒有發現這其中有什麼貓膩?

　　這些書,教給你的投資技能人人都會——那麼還能靠這些技術在股市中賺到大錢嗎?

要在股市中賺到錢，就是要用一個不是人人都會、人人都能的技術才可以。

其實人生也是這樣，想要成功，「特立獨行」是避不開的；人群的才能好比常態分配，極優秀是少數，那麼我們想要成功，第一件事必定是要先甩開「普通人思維」。

用「普通人思維」，注定成為「普通人」。

（當然，如果人生能夠認份地當一個普通人，這是比「成功人士」更高超的境界，「一簞食，一瓢飲，回也不改其樂。」——有真能做到者，老衲向您脫帽致敬。）

說回思維。

不論投資還是人生，我們想要升級，都需要改變思維；好比一個有趣的問題大家可以想想：

「賺一萬元美金容易？還是存一萬元美金容易？」

「賺一百萬元美金容易？還是存一百萬元美金容易？」

一般來說「存一萬元美金」比「賺一萬元美金」容易，可是「賺一百萬元美金」通常卻比「存一百萬元美金」容易，是不是？

想想，為什麼呢？

給自己十分鐘，如果還想不通的，先買一套《說說八卦的八卦》、《慕容前輩的水路拳法》，與《流與離之島》回家讀一讀；再找個正經的拳館好好練練拳，或許就能想通。

老衲真不蓋你，「拳」能通「腦」，腦子不好使的朋友，找套武功練練，或許就會通了。

真的。

市場先生的下一步 34
三條內線的故事

2008 年 3 月 22 日,一確定馬英九先生當選台灣第三屆民選總統,老衲就於隔日開始佈倉台股大盤指數空單,長短線一路佈到三月底吧,平均的合約價格應該是在 8400~8600 點開始空,口數不多,接近六百口,於是安坐家中,準備等台股指期崩盤,然後申請退休。

(六百口空單佈好,那感覺自己就像是希特勒的手下戈林元帥,計畫了鷹襲作戰 Unternehmen Adlerangriff 要去大規模轟炸倫敦一般興奮。)

沒想到馬先生從三月選上以後,台股一路不畏艱難,高歌猛進,在就職日 520 前後印象中漲到 9200 點上下。

在這兩個月中,老衲當時的營業員人天一通電話給老衲,說等馬先生上任以後,他們團隊已經找好新任的國安基金操盤手,準備幫馬先生拉抬大盤指數破萬,說該操盤手多厲害多厲害,叫老衲撤掉空單,以避免虧損。

一開始,俺本來足信心滿滿會崩的,無奈美女怕磨,招架不住營業員的天天一通電話,終於在馬先生上任就職的五月,把佈好的空單通通撤掉,認賠殺出。

結果大夥都知道,馬先生上任以後,台股從 9200 點一路崩跌,最低跌破了 4000 點,老衲當時看到那一個扼腕　退休計畫往後延了幾十年。

這就是所謂的內線。

另外一個故事,是前幾年聽小道消息,說某大亨低調購入宜特 3289,於是有人說大戶們可以一起買,又有人說宜特後續會如何如何;老衲也是耳根子軟,聽一聽便從 80 一路買到 120 元,沒想到後續宜特崩跌,俺賣在最低點 30 元上下,不得不又將退休計畫延後幾十年。

(人類有幾個幾十年可以將退休計畫延後呢?一嘆。)

(以上這其實是傳統主力出貨的一招,叫「藏鏡人」,流行於民國 76 至 79 年間,只是多年沒出現在市面,俺一時不察,中招了。)

(民國七十年代末,有非常多主力大戶發明了非常多奇奇怪怪的炒作方式,有「震盪甩轎」、「天女散花」、「無中生有」……有機會再慢慢寫將出來,做一個歷史存檔留念。)

還有個故事:

前幾年台積電在美國設廠,老衲有個朋友住附近,不知怎地聽到消息,神神秘秘又沒頭沒尾地說:「可以買入三福化 4755。」俺聽完以後不屑一顧,想說那三福化不過就是一家老掉牙的化工廠,又有何題材可以炒作?

沒想到,後來三福化一路從 45 元上下,飆漲至 200 元;老衲回顧股價,又是一個撕肝裂肺的哭喊。

原來三福化特供給台積電 2330 一種特殊的化學藥劑,是在先進製程中需要大量使用的,美國朋友的內線其來有自,可是不敢多講,俺便輕輕放過了。

衛斯理先生曾說:「世界上的事情,真是微妙不過,一點點的差異,可以使以後的事,發生完全不同的變化」——語出《地圖》故事集,誠哉斯言。

多年經驗，無論內線外線，最主要的還是「獨立思考」，即便對方是巴菲特還是比爾蓋茲，說出來的話，自己都還是要獨立思考過，才能決定。

獨立思考，這一點無論對於投資、或者人生，都很重要；老衲在《說說八卦的八卦》中說過一個關於學習八卦拳法的故事，就是為了想要刺激大家「獨立思考」。

對了，說回一開始的那位營業員，老衲後來去找他，證券行都說他退休回了花東老家……

哎，俺心道：『俺不找他，自有大戶找他算帳，算球！』

市場先生的下一步 35

翻桌率的再思考

　　如果已經掌握一套能夠選股套利的方法，那接下來必然會進入「翻桌率」的思考。

　　簡單來說，一開始進入股市，我們思考的是能不能選到賺錢的股票？再接下來，思考的應當是「賺錢的速度有多快」？也就是「翻桌率」的思考。

　　想像一下，有兩檔股票：A 股能夠帶給你 20 倍的收益，B 股只能帶給你 2 倍，那麼該選誰呢？選 A 股一定是正確的嗎？

　　這其中該考慮一個「時間」變數。

　　比如說，A 股可以在 10 年內翻 20 倍，可是 B 股可以在 2 年內翻成 2 倍——那麼其實代表：B 股更具投資（投機）的潛力。

　　很多人沉迷於那種股市傳說，說某某人 N 年前買了一張股票，忘記了幾十年，再翻出來的時候已經是幾十倍——這種故事聽起來似乎很過癮，但似乎也沒考慮到：牛肉麵與滷肉飯可能也翻了幾十倍。

　　（更何況這還沒考慮：你可能買到的那張股票早已下市、或跌成垃圾股的情況之機率。）

　　巴菲特說「買股票的第一原則就是不要虧錢」，從邏輯上來看，只要「不虧錢」，那多半就是「賺錢」，只是「賺多賺少」的問題；不過知道能賺錢以後，下一階段就是要考慮「翻

桌率」，因為這攸關著賺錢「速度」的快慢。

曾有人推薦老衲一種投資法，說按照這法，保證十年可以翻一倍；來者言之鑿鑿，信心滿滿，可老衲一句話就將他打槍回去，俺道：「如果按照這法，以俺的本金，要翻到俺想賺的數目，那恐怕俺要活兩三百歲才行！這投資法再好，俺也不取！」

說回翻桌率，大約多大的倍數與時間是合理的呢？老衲以為大約是二至三年間能翻一倍的股票，才是合理的標的；也是巴老的名言：「好公司打對折的時候，才是買入時機。」

──從這句話看潛意識：巴菲特心中的獲利目標定錨，必然也是翻成 Double。

市場先生的下一步 36

讓對方先說完話,再說話。

　　常常看股市大亨林適中先生的訪談,其中一點令老衲佩服得五體投地的是:適中先生永遠等對方說完,才說話。

　　老衲平常的語速如同機關槍,與衛斯理相同的沒耐心,常常對方才開個頭,俺便自以為料中對方心思,劈哩啪啦便開始接著往下說——這其實是一個非常不好的習慣。

　　與人相處,需要一點空間,在談話中就是那一來一往的留白,心平氣緩等對方說完再說話,是一種修養也是一種禮貌。

　　在股市操作中也是這樣,任何一則消息,都需要有一段「發酵時間」。

　　這段時間,在經濟學中即被稱作「交易成本」;經濟學中講的交易成本大體有三種,分別是:資訊成本、協商議價成本,與履行合約的成本。

　　當然,若照華人經濟學家第一把手張五常教授的翻譯,你也可以把這三者,想成是一種「費用」(而非成本)。

　　也就是說,交易成本說的是:第一你取得「資訊」這本身需要一定費用(想想所謂的資訊不對等!),第二你取得資訊以後,甲乙方協調平行價格,也需要一定費用(律師、會計師等就是賺取這塊費用的),最後你執行合約,要能順利完成,也需要一定費用。(這塊大多是法律與政府提供的服務)

　　如果相信經濟學中的「一般均衡」,在資訊傳播開來以

後，交易成本（費用）重新分配，會均衡在一個新的價格，這時候便是「消息已經充分發酵，反應在股價上」。

思考簡單一些，那就是任何消息，我們都需要等他發酵一段時間，使一般均衡的效果充分發揮；而人與人的溝通亦然，對方講的任何一句話，我們應該好好聽完，好好想一下言內之意與弦外之音，再回答。

又忽然想到，中國傳統武術當中的散手訓練，有一個「等」字訣，意思是要等對方發力已老、不可再變的時候，再做反應與出手；這與太極拳訣中說的「捨己從人才能我順人背」，還有槍法中說的「見肉分槍、貼杆深入」都是一脈相承，息息相關的。

老衲常常被人說「受過極其嚴格的中國傳統武術訓練」，最近受獨孤前輩啟發指導，要好好認真寫一本《中國傳統武術的起源與進化》，把傳武的大框架寫清楚，以免絕藝失真與誤傳。

扯遠了，說回聽人說話；很多人不懂「做人」，其實「做人」的第一關就是要「學會聽人說話」，而「學會聽人說話」的起手式，就是讓對方好好把話說完。

重要至極。

願我們都能成為一個不急不緩，雍容從容而有風度的好溝通者。

市場先生的下一步 37

用大盤的情緒做加減碼

老衲的炒股師傅最常說的一句話就是：「要用大盤的情緒，去做加減碼。」

以前剛剛入行的時候，不是很懂這句話；後來聽師傅講久了，慢慢也就能夠理解。

簡單來說，這樣的做法，就是在大盤情緒恐慌（悲觀）時，投入資金的七成上下；而在大盤情緒貪婪（樂觀）時，投入資金的三成左右——當然，如果看不出來是樂觀悲觀，可以按兵不動，或者是維持資金的五成換成股票。

這個做法的一個基本概念是：股票等同於現金，股票與現金是可以相互轉換的同等值資產；也就是說，投資，只是在做一個股票與現金之間比例的調整而已。

當大盤開始恐慌，就要選擇標的進行加碼；而當大盤開始貪婪，就要選擇標的進行減碼——這就是依照大盤情緒做加減碼的精髓。

可別小看這個做法，台灣股市長期以來都在五千點到萬點之間徘徊，所以過去有許多人只要一臨近台股萬點，就開始放空或者至少減持；可是炒股師傅大約在 2014 年至 2015 年左右，便判定台股未來，可能萬點不是天花板而是地板，私下吆喝徒子徒孫們用力加碼。

當時老衲還跟師傅強辯，說依照過去經驗，台股一萬點

就是一道玻璃天花板 Glass Ceiling，即使突破，短期也必定會摔落；難道您忘了過去幾次萬點崩盤的慘劇嗎？師傅只笑笑回道：「做股票不能回頭看，現在逼近萬點，可是大盤情緒依舊悲觀，此時不加碼更待何時？衲小子你跟我學，要學到我的精髓啊！」

事後驗證，果然炒股師傅是對的。

炒股若是看指數數字，無異於刻舟求劍——而「要看情緒，不要看數字」——這八字訣要千金不換。

說到情緒，老衲最近在練一手絕活，教拳上課時忍不住叫徒弟們來過過手，試打著玩玩。

什麼絕活呢？其實也很簡單，就是「敗中求勝」的打法；老衲先找一牆角背靠著，讓自己無路可退，然後讓徒弟猛攻，看看能打出玩出什麼東西。

這東西一開始看著難，不過玩久也就輕鬆如意；好比衝浪，看著人隨著浪高浪低驚險萬分，可只要你天天在海邊浪上玩，熟悉了也覺得水性不過如此，隨浪起伏，高低自如。

上週末俺找徒弟高永齡玩這手，讓高用他所有學過的拳法猛攻，老衲一邊招架，覷個空擋，用右手抽了他左臉一個巴掌。

高一怔，俺笑道：「再來，別停。」高又打過來，老衲一邊招架，一邊又用同一招，右手再抽他左臉一個巴掌。

這回高有些傻了，問：怎麼衲師這手右巴掌，我怎麼也防不住？俺笑道：「你看仔細，第三次，俺仍要用這右手抽你巴掌，你好好防著。」

高這回沉著氣，一拳一拳打來，卻小心防著他左臉的空檔；老衲左手隨意招架，右手反背（手背）先搧他右側太陽

穴,高一架擋,俺趁機左手一個內側橫把再掃他右肋骨末端,高手肘一低下防——老衲又覷準這個「拍位」,在左橫把同拍的空擋,右手繞過來,再一次用右手掌抽了他左臉一個巴掌。

連續三次,用同一招得手,饒是高修養好,也有些火上來,一拳一拳打來再不客氣,明顯拳勁重了許多,速度也直接開到最高速——但,老衲要的就是這個,一個人一旦被激怒,那麼出手的節奏(拍位)肯定是亂的,節奏亂掉更好抓間隙,刷地一聲,老衲還是用右手抽了高的左臉一個巴掌。

這回高不幹了,拳頭直接放下,不玩了,抱怨說道:「衲師!你到底想講什麼?直接教我不就得了!?幹嘛反覆抽我巴掌?」

「抽你巴掌,就已經是在教你。」俺大笑:「被人抽了幾個巴掌,就要生氣,這樣的人還打什麼架?聖經上說的:『不要與惡人作對。有人打你的右臉,連左臉也轉過來由他打。』——俺要教你的就是這個,這個就是打架的秘訣,你好好體悟記下。」

也一併想分享給老衲最愛的讀者們,無論是做股票、炒股票,打架還是奪刀,其實都是以「情緒」為上,秘中之秘,其中滋味不足為外人道也。

市場先生的下一步 38
技術線圖中唯一可以相信的一種

　　投機界的宗師級人物，老猶太科斯托蘭尼曾說過，技術線圖通通不可靠，唯一可以參考的只是 M 頭與 W 底；不過老衲比老爺子更偏激，自以為炒作股票無數，唯一信得過的線圖，只有如心臟停止跳動的〈＿＿＿＿＿＿〉可以相信。（需橫向排版，不然可糟）

　　台股向來是一個「池淺王八多」的賭局，任何主力只要資金充沛，哪有做不出來的線圖？尤其那盤中的走勢，根本如海市蜃樓、煙花一瞬，對此不必多浪費一絲腦筋思考，看長期走勢即可，短期上下跳躍，基本上都可視作主力的騙術。

　　許多線圖或許有道理，但也或許是「騙線」，既然如此，何不如通通不要相信？

　　就好比跑江湖，江湖跑老了，膽子跑小了，很多人精靈古怪，自以為聰明絕頂可以佔別人小便宜或者對別人背後下暗手──其實這都是在堆高別人對你不信任的成本。

　　老江湖，只信一種人：那就是「傻人」──傻人不會騙人，一個人能讓別人「信得過」，比任何能力高低都重要。

　　再說回炒股線圖。

　　在台灣股市，要吃貨，盡量只吃那種如心臟停止跳動的〈＿＿＿＿＿＿〉線圖（請橫著看），比較不會出事，買股票，得先立於不敗之地（不虧錢），再思考怎麼樣賺錢、賺大

錢,與賺快錢。

完全平行的線圖,代表仍沒有任何主力介入;也代表此時的價格已經維持在一個市場上各方勢力均衡的狀態,這是唯一安全無任何疑慮的線圖表現,也是唯一一種,主力不可能去做出來的線圖型態。

市場先生的下一步 39

注意遊戲規則

玩過遊戲的人都知道：遊戲規則，非常重要。

在現實社會中也是如此，現實社會中的遊戲規則就是「制度」，它非常重要。

比如 2008 年金融海嘯後，台灣普遍的上市公司，其會計準則都從 IAS-39 變成 IFRS-9，這個變化在企業結算手上的金融資產時，變得很不一樣。

在此事件以前，上市公司手中持有的轉投資股票，「沒賣就不算虧」，在此之後慢慢修改，變成「每一季度都要以市價結算損益」。

從此之後，一些國際企業除了匯差會有損益浮動之外，連同轉投資的金融資產，也會有類似的浮動損益效應。

很多人認為中航油集團當初給陳久霖的期權放任規則，與英國霸菱銀行（Barings Bank）旗下交易員的放任，有異曲同工之巧──那麼或許也可以思考一下：特斯拉（Tesla）前幾年與其 CEO 馬斯克（Musk）談的獎勵合約，是否合理？特斯拉這家公司是否值得買進？（在那當下的時機）

當然，除了規則之外，規則之前的條件限制式也非常重要，這與遊戲規則是一體兩面的母子雙生，或者嚴格來說：這種規則之前的條件限制，也是一種規則。

舉個例子：

二戰之後美國經濟蓬勃發展，拉斯維加斯 City of Las Vegas 的賭場便如雨後春筍般一家一家開起來；當時最流行的賭局是二十一點，亦即黑傑克（black-jack），這種賭戲在歐洲流行了四百年以上，最早的溯源在《唐吉訶德》中就有描述。

　　二十一點早期的玩法，有一種可以一注賠十的牌組，是「一張黑桃A湊上一張黑色的J」，即是黑傑克，類似天九牌中的至尊；不過這種賠法賽制後來被廢除，但名稱卻保留下來。

　　原則上最早期的二十一點玩法，在拉斯維加斯裏，是只放一副牌在發牌盒中的，當一副牌發完以後，再換下一副新牌。

　　可是在後來，有位本職是大學裏頭的數學教授的賭神，出了一本《Beating the Dealer》，詳詳細細講述，如何在二十一點中通過「算牌」，來擊敗賭場莊家（即發牌者）。

　　後來有好一陣子，老衲記得去拉斯維加斯玩牌的時候，二十一點的牌桌忽然多了幾次洗牌的程序，也就是說，當發牌超過一半時，莊家有權利將發過的牌收回，重新洗牌再發，以免玩家使用《Beating the Dealer》中的算牌技巧來贏錢。

　　可是這麼一來，玩家不幹了；人家玩得好好的手氣，忽然被你收回再洗、重發，誰還要跟你賭錢？再說莊家這一邊其實也不划算，因為這個途中洗牌的時間，會拖慢賭場的「翻桌率」，也就是說每一局賭局都會變慢，那麼長久下來，嚴重影響賭場每一個晚上的進帳。

　　幾方協調，大概也就是不到一兩年的時間吧，拉斯維加斯的賭場們想出了新的辦法：也就是在每一局二十一點中，一開始就放入兩副牌甚至三副牌，具體的時間俺忘記了，應該大約是在上世紀的七十年代前後，二十一點的賭桌上才出現那種長長的透明儲牌盒（可以放得下三副牌組以上），讓美麗的荷官

發牌；在此之前是沒有的，通通都是一副牌擺在賭桌中間，洗牌再發而已。

這就是：規則影響賭局；而賭局的方法，又反過來影響規則的最佳案例。

說到這種規則的奧妙，不免再提一嘴青幫與紅幫。

自古相傳：青幫一條線，紅幫一大片。意思是青幫都是收徒弟，各山頭各收各的徒弟，不同山頭，互相叫師伯、師叔、師爺爺；而紅幫都是收兄弟，開堂拜同一個祖師爺，入堂後都是以兄弟相稱。

青幫這種各山頭論資排輩的辦法，好處是層級森嚴，但容易以大欺小，按輩分論事；而紅幫這樣通通都是兄弟一家親的幫會，好處是內部相處融洽，可以一致對外，不過壞處也明白，那就是容易變成一盤散沙。

所以說青幫是「許充不許賴」，而紅幫是「許賴不許充」。

青幫山頭眾多，你充大輩，人家也找不著你師父，索性讓你充；不過呢，到時候有事情找你你可不許推託抵賴。

當年上海第一大亨黃金榮，還有袁世凱的二公子袁克文，據說一開始都是「充大輩」充出來的字號，闖出名堂，才擇師拜山。

而紅幫不同，紅幫向來是「許賴不許充」；蓋因紅幫源自於天地會，是個反清復明的秘密組織，自然不能讓人隨便混入海底，甚至被抓到也允許你矢口否認，以成大局。

忽然想到，當年有個武術組織，裏頭一滑頭徒弟相當滑頭；曾設計給該組織的大師傅，說咱們組織為了壯大，不如這樣：

「內部以青幫手段管理，論資排輩，一批一批教練分別都可以到各大學校社團去開山頭收徒弟，這樣教人吸收人就快；而對外部呢，我們以紅幫規矩面對社會，只要是組織裏的學生，無論輩分，通通稱您大師傅為老師，即使是您百年之後，那些徒子徒孫還是要有那個拜您為師的姿態，向您的照片鞠躬跪拜──如此一來，外邊的面子、內裏的管理，兩頭顧到──您說怎麼樣？」

那大師傅長笑，接納了這個管理辦法；可是不出幾年，喏大的一個武術組織，便已變質成為一個專學武術套路的社交組織，而不復有當年大師傅初初成立武術組織時，那片對於武學的慷慨抱負了。

組織、制度、規定，與遊戲規則之妙用，其用莫大焉！

市場先生的下一步 40
不要用數字定錨

秦始皇的老爹呂不韋先生曾編過一部書，叫做《呂氏春秋》，其中紀載一個故事是這樣的：

***

楚人有涉江（坐船過江）者，其劍自舟中墜於水，遽（很快地）契（用硬物畫下痕跡）其舟，曰：「是吾劍之所從墜。（這個地方，就是我的寶劍掉下去的地方）」舟止，從其所契者入水求之。（從船上所畫下痕跡的地方，跳入水中去尋找寶劍）

***

這個故事，大致上就是「刻舟求劍」這個成語的由來；這個「刻舟求劍」的行為說起來很荒謬，不過在股「海」中卻是天天上演。

比如說台股，在 2016 至 2019 年以前，市場上總是流傳一個謠言：「大盤只要一接近萬點，放空總是會賺。」結果這個數字的定錨心理，慢慢在 2016 至 2019 年間被打破；許多人在這一波的高檔（？）盤整中，才慢慢調整心態接受，台股破萬

可能是一個常態的數字。

又比如說本益比與 EPS，很多人會很糾結一家公司賺到多少多少 EPS、該有多少多少本益本，結果股價怎麼還趴在地上？又比如說技術指標或股價，價量關係，也是很多人會糾結這個 KD、MACD 指標明明就已經過熱，怎麼股價還不下來？這個量能明明補進去，怎麼價格還是上不去？

以上說的這些，都是一種在心理上的「刻舟求劍」；學術一點說，就是在潛意識中被某個數字給「定錨」了──這是在股海中暢泳的大忌。

而最可怕的一種「數字定錨」效果，不是基本分析也不是技術分析，而是你的入手價與賣出價。

多少人因為想等一個漂亮的價格才買入，而錯失一檔能漲十倍的飆股，抓龜走鱉是也；也有很多人因為等不到一個漂亮的價格賣出，而價格一去不復反，反而少賺了幾十%。

忘記入手價與賣出價，甚至忘記所有的指標數字、財務數字與七七八八的數字。一個數字，說到底是一種靜態的、瞬間暫停下的 snapshot；在一個動態的世界裏，我們要解開數字對潛意識的心靈桎梏。

換句話說，玩股票要玩的得精，需要闖過「數字關」，不管是財報數字、或者是技術線圖數字，抑或者是買入、賣出價格的數字；都不能被這些數字給侷限，而畫地自限。

忽然想到，人生呢？大約是先過「利關」，再過「名關」，才能做到真正灑脫。

練武功呢？大約是先過「練習關」，再過「爭勝關」──練武，光是好打不行，不肯好好練習很難有大成就；再來就是「爭勝」，武功練到一定階段，需得克服「爭勝之心」，才能

進入「超凡入聖」之境。

　　一起努力。

市場先生的下一步 41

Own Business

　　很多財經類的書籍，都強調要把買入的股票標的公司，視作自己經營的公司；但其實這個說法，深究起來很是有點問題。

　　如果是自己的 Business，自己 Run 的 Business Model，那麼看見公司流程太內耗、太沒效率的話，應該是可以想想要怎麼修正才對——但買入該公司股票的人，絕大多數是沒有這個話語權與決定權的。

　　更別說一些高層執行管理人員的異動，或者財報的內外帳真假等，如果是自己 Own 的 Business，應該對以上這些都能瞭若指掌——但很明顯，買入該公司股票的小股東，根本是完全無能為力，甚至是真正 Own Business 的企業主坑殺的對象。

　　你以為你買了幾張股票，就在幻想自己 Own Business；事實上你只是一個接盤俠、叼盤俠，人家公司中真正值錢的價值與 Know How，才不會告訴你。

　　再深想一層，你越把自己手上的股票想成是自己的事業，就越容易「與股票談戀愛」；而「與股票談戀愛」，是炒股大忌，述過不論。

　　（開公司真的很容易對公司墜入情網，老衲以前有個小女朋友，攢了一點錢，在台北中山區開過一家很有名的獨立設計服裝店，才開三年，已賠幾十萬，但小女友認為那家店是她的

畢生心血，又是很多有品味的客人會欣賞的文青店，一直要賠到血本無歸才肯關店大吉。）

不過，用自己 Own Business 的角度來看股票，雖然壞處無邊，但仍有兩個好處。

第一是要砍股票的時候，用這種方式來評估，很有效益；比如說你投資了兩家早餐店，一家賺錢另一家賠錢，你該砍哪一家？而你持有兩檔股票，一檔賺錢一檔賠錢，此時該砍哪一檔股票？

這題，可以好好深思，或許每個階段答案都會不一樣。

另一個好處就是：練習將公司的業務，用一個很簡單化的商業邏輯去理解；這其實牽扯到後續賣股的順利與否──如果那商業邏輯是很難理解的，其實股票也會不好倒貨，因為若散戶們根本聽不懂這家公司的業務，又怎麼會勇於承接呢？

忽然想到，拿「Own Business」來思考股票價值這招，一開始應該還是巴菲特提出的；人家是大莊家的做法，隨手一買，就將整間企業盤到手上，這樣思考當然可以。

一般散戶萬萬不可胡亂學習。

市場先生的下一步 42

一千發子彈的彈匣

　　巴菲特曾經說過一個賭局,是關於一千發子彈的彈匣。

　　巴老說:如果有人給一把槍,裏頭有一千發子彈,其中九百九十九發都是空包彈,只有一發是真的子彈。

　　他說,這個賭局是這樣的:你拿著這把槍,對著腦袋扣下板機——只要沒死,就能獲得一百萬元的獎金——你幹不幹?

　　巴菲特將這個問題問過很多人,有人說可以賭一把,有人說不敢賭這把;巴老最後說出了他自己的答案。

　　他說,他是絕對不會賭這局的,因為風險不對稱;一百萬元的獎金是他不需要的錢,是多餘的錢。而性命只有一條,萬一扣下板機時恰好填裝進去的是那發真的子彈,人就沒了。

　　巴菲特用這個賭局,來形容融資,來強調不可以借錢炒股的重要性。

　　借錢炒股,的確可以賺到多餘的錢;可是那些錢都是我們不需要的。

　　借錢炒股,只要有一次遇到意外性的系統風險股災,本金（投資人的命）就沒了,所以即使風險很小（一千分之一）,也不可為。

　　今年（2024）上半年全球AI熱潮席捲各大股市,很多人賺得盆滿缽滿,許多人恨不得連房子褲子都拿去抵押借錢來炒股。

今天（8/5）相信是台灣股市歷史性的大逃殺日，肯定得名留股史，忍不住寫一篇小文提醒大家不要借錢炒股的重要性，可一而不可再，寫過一次，再不提醒。

當然老衲也不是先知先覺的那種人，以上的提醒，都是血的教訓而來。

俺年輕時好賭，炒股炒得鬼迷心竅，天天跑迪化街找丙種墊款金主借錢，不過也順帶了解了一些迪化街的歷史，都寫在那篇介紹大稻埕的文章*中。

有人說炒股很兇險，也有人說炒股很安全，其實你只要恪遵以下幾條守則，相信再怎麼在股海中折騰，也損失不大。

一：不要借錢。
二：不要聽別人推薦的名牌。
三：只在市場悲觀時買進。
四：自己有獨立思考與研究的功夫。

這四條金律送給大家，希望人家都能平安度過這次股災！

*註：大稻埕興衰
大稻埕的興衰，始終是台北的商業發展史中不可切割的一塊。
從清末的淡水港成為洋行最大的茶葉出口港起始，大稻埕便已經靠著茶葉發家致富。
（老衲的一個同學，就是大稻埕茶行的第六代掌門人，氣質如高山清茶，好的不得了，老衲常戲稱他為茶王子——真是人比人氣死人啊！）
到後來的日殖時代，日本人切斷洋行生路，讓大稻埕商人開始轉進發展東南亞貿易的南北貨、中藥材與布匹。
最後到國民政府來台以後，大稻埕逐漸轉為北部最大的地下金融市場。

蓋因當時國民政府做土地改革,講白了就是要解放舊社會中的地主壓迫農民傳統（中國大陸所謂的鬥地主是也），所以推行「耕者有其田」政策,拿當時才剛剛成立的台灣水泥等四家企業的股票,與北中南各地地主換地。

這麼一來,在「股票公開交易所」成立之前,大稻埕,或者說迪化街前後有許多Broker,佔地利之便（離台北火車站近）很勤於跑中南部蒐購股票,再來賣給台北的金融買家。

此一行為,在「股票公開交易所」成立之後仍未停歇,只是轉成了地下的丙種墊款集散地；記得當時老衲要借錢,大金主們的Broker都住在迪化街一帶,俺天天跑迪化街累得像孫子。

錢都在這,金流都在這,各種商業貿易店家自然還維持得住；大稻埕一帶真正沒落,恐怕是要等台灣政府引進外資後,丙種墊款的生意也逐漸下滑,大稻埕的盛景真正走入歷史。

其實這麼說也不太準確,大稻埕開始走下坡,遠因應該要從淡水河的淤積開始說起,世界史上無論哪城哪區,最早興盛的都是水路碼頭的地帶；大稻埕原來就是依著淡水河而興,自然也傍著淡水河而衰。

大稻埕一地興衰,就好比香港的九龍城寨一般,藏著不知多少家族討生活的興衰與血淚。

談及大稻埕,忍不住再說說一本談及大稻埕傳奇武術家的奇書：《模糊的疆界》。

很早以前就買過《模糊的疆界》這本書,還一度以為搞丟了,又再買了一本。

這本書講述的是台灣本土武術家洪懿祥先生的傳奇,也側面紀錄了洪家伴隨著大稻埕起落的歷史,其中有商業史,也有武術史,透過洪家公子洪澤漢先生的筆觸,夢回台北戰後的殘破與熱忱。

一直有關注澤漢先生的臉書,他分享許多形意、八卦打法,很是精奇,拳路中規中矩,不失祖法,最有趣是洪老日日「早安」、「晚安」不輟,都會搭配幾句對聯。

日前看到洪老一句早安中,只寫了「夢想三兩三」,只有單句,而無下聯；

老衲忍不住技癢,對了一句「狂歌酒正酣」──蒙洪老不棄,即刻揮寫此句補上,也算是武人之間,以文唱和會友吧。

「夢想三兩三」這句,寫得真好。

夢想值多少？恐怕只值三兩三。

何不狂歌輕薄載酒行,揚州一覺十年夢！

《模糊的疆界》中英文購買連結

中文

英文

市場先生的下一步 43
如果國家是一間企業

之前說過，總體經濟學不外乎三個「率」：利率、匯率、通膨率——不過這是經濟學家的答案。

如果是一個國家的領袖來看總體經濟，則只會注意三件指標：GDP、通膨率，與失業率。

GDP 很好理解，如果一個國家是一間企業，那麼 GDP 就代表著這家企業每年度可以賺進多少錢，如果 GDP 年年看漲，那麼代表這家企業的執行經理人團隊是正確的，帶領著企業（國家）欣欣向榮。

某東方的神祕大國，其專業的經理團隊，就是靠著連續三十年 GDP 年年飆漲，而取得領導此企業（國家）的正當性與合法性。

當然也不是現代如此，在古代，經濟規律亦復如是。

古代的皇帝家族好比董事會成員，而實際掌權的執行經理人大約就是宰相一類人物；大家常常聽到那種幾年間連換幾十個宰相的故事，大概率都是此專業經理人沒辦法將國家的 GDP 搞上去，一旦 GDP 搞不上去，稅收就抽不上來，而稅收抽不上來，「家天下」的皇帝家族就會有意見，等於是董事會有意見，最後總得將這個宰相（總經理）換掉。

反過來說也是，比如魏徵、馮道，甚至王安石、張居正等人，當時的皇帝都很不待見他們，卻又得對他們禮遇備至（至

少在某個時期之內)——何也?當然是因為這些「文人」掌握著國家官僚體系運行的行政規範與訣竅,有他們在,國家的稅才抽得上來。

所謂「變法」,無非是董事會希望上來一個雷厲風行的總經理,能使公司賺更多一點錢,所提出的企業策略改革方案罷了。

皇帝老兒再怎麼天下一人,背後也是有其「家族勢力」的,皇族好比「董事會」,文人宰相好比「總經理」,兩者相互制衡,沒有絕對的誰說了算。

忽然想到,以「董事會成員」來看皇族,就懂「玄武門之變」乃是董事會的內部爭鬥,以台灣企業來說,那就是如「長榮」2603、「大同」2371一般,都是創業家族中發生的內部鬥爭事件。

扯遠了,還是說回「通膨率」與「失業率」。

其實這兩個「率」之所以對「國家」這間「企業」重要,是因為這兩個「率」,是安定民心(員工)的最重要因素。

涌膨率一高,等於是發給員工的薪水變少;失業率一高,等於是拿不到工資的員工變多;這兩者都很可怕,尤其對一家企業的穩定性來說。

從世界雙霸的角度來看,美利堅合眾國向來是「經濟領導政治」,所以比較注重「通膨率」,無奈這幾年QE濫發人盛,這通膨率像是野火燒不盡,春風吹又生的提心吊膽,總像達摩克利斯(Damocles)之劍,懸在每一任美國總統的頭頂上。

而中國則是相反,以中國的氛圍,總是「政治領導經濟」的,所以特別注重「失業率」;可是這幾年中美貿易戰之後,

中國的失業率居高不下,相信也始終是中國領導人手上的一塊燙手山芋。

中國歷朝歷代的改朝換代大事發生,多半都是因為「失業率」攀升所導致;陳勝吳廣何人也?無業農民也!劉邦、李自成何人也?失業的公務員也!

唯一例外可能是宋太祖趙匡胤,不過太祖的「黃袍加身」應該是這樣理解:(唐末五代十國)一堆軍政府中,終有一個軍頭吃掉了其它的軍頭,而為什麼這個軍頭可以使國家穩定,不再出現軍政府的相互火併傾軋狀態呢?(如民初軍閥年代)

應該是因為宋太祖趙匡胤的「杯酒釋兵權」,來將軍隊集中在中央政府管理(軍隊國家化),以杜絕後續的軍頭干政問題。

又說遠了,說回美國的通膨率、美金變薄的問題;其實每個政府發到人民手上的貨幣,有點像是一家企業發行的股票,照理說企業賺錢,股票應該升值才是,可是為什麼有時候企業(國家)賺錢,股票(國家法定貨幣)仍然貶值呢?那就牽扯到一個國家的股債互轉二元律問題。

容後再談。

市場先生的下一步 44

股市就是一個大型老鼠會

一個古老的賭桌笑話:如果你上了牌桌,半小時以後還不知道肥羊是誰,那麼肥羊就是你。

進入任何一個陌生環境,先摸清楚這個環境的生態系,最重要;這也是《論語》中紀載孔夫子「入大廟,每事問」的原因。

而股市中是怎麼樣的生態系呢?老衲以為,可以把它想像成一個大型的老鼠會。

最核心的是各公司的第一級利益關係人,第二層是三大法人與地下主力,最外層才是散戶。

公司有好消息,無論是業績大爆發或者是谷底翻揚,第一個知道的肯定是公司的第一級利益關係人,如老闆、如董娘、如會計、如財務業務等等。

公司的好消息,等老闆等第一級利益關係人都知道,也都各自買好股票以後,才會開始約三大法人的操盤手釋出消息,如是,法人的分析師們開始回頭研究寫報告,而法人的操盤手們也各自蠢蠢欲動,各自固樁籌碼。

當然核心的公司派,或第二層的三大法人,有時也會將好消息「走漏」給地下主力,引得地下主力進駐,幫忙整理與吸納籌碼,「事後三七分,金主的錢如數奉還」云云。

待這兩層的人都準備就緒以後,才會開始慢慢釋出他們原

先早就知道的「好消息」，接下來就看「劇本」怎麼寫了；看是要「先抑後揚」，還是「一個比一個還要大尾」的好消息連發；要或者震盪來回洗，做「天女散花」，把籌碼小量扔出去給散戶幫忙宣傳……不一而足。

當然，在整個股價拉抬的演出中，「外資報告」、「投顧老師」，與「投資型網紅」……都是演員，也都是「劇本」中不可或缺的要角；雖然每個人都只負責自己那一小塊，可是串聯起來，每個人都是無比重要。

最後如果操作得好，多半都是以急拉仰角 90 度做煙花式的出貨，將手上所有籌碼，通通倒入散戶的手中；有時甚至靠散戶自己催眠自己的力量，還能在莊家倒完貨以後，自己再感動自己一次，又再拉出幾個漲停板，才告結束。

老衲不敢說每一支股票都是這樣，不過股市就是「全世界最聰明的一群 Asshole」在玩的遊戲，把這局往險惡處想，只有好處，沒有壞處。

股市說白了，就是一個帶有賭博性質的老鼠會，每張股票之所以有價值，都是因為「有下家」會去買，股票才顯著有價值。（也所以很多投資大師都說：千萬不要買沒有成交量的股票，是不是？）

搞清楚股市的真相，再回頭想想你的策略；真的可以靠線圖獲勝乎？真的可以靠財報分析獲勝乎？那些都是第一層、第二層的人玩得出來的把戲，真的可靠？

要玩贏這賭局，唯一的辦法就是比第一層核心的人，還要更早知道買進訊號──除此之外，別無他法。

想想，是不是只有這條路？

再想想，怎麼樣才能比那第一層核心的人更早知道呢？
想想。

市場先生的下一步 45

兩種人推薦的股票不能碰

明白了「股市就是一個大型老鼠會」以後，就明白「兩種人推薦的股票不能碰」。

哪兩種人呢？第一種是公司自家的老闆，第二種人是KOL（包含名分析師、名投行交易員、名投資網紅……等等）

KOL 推薦的股票不能碰，如果讀過「股市就是一個大型老鼠會」後，應該很好理解；因為他們就是負責將股票大肆宣傳，然後拋售給最後一棒的老鼠們的關鍵人物。

這個過程，無論是有意還是無意，最後造成的結果都是如此，比如今年四月底五月初，著名的投資網紅「＊＊＊＊」，便被邀請到當時股價正夯的「群＊」總部去做訪問，並且特別作了一集介紹群＊電子的專輯放在他的 podcast。

結果如何呢？節目剛剛出來的時候，記得群＊的股價仍有七百上下，過了三個月，這家公司的股價已經跌破五百大關——不能不說是一個頗具規模的回檔。

原因何也？即使不考慮國際情勢與產業走向，單純從市場心理學處下手，也猜得到；當＊＊如此具有影響力的投資網紅介紹這家公司時，那麼連最後一點錢（完全不懂得的散戶手上的錢）也砸進去群＊的股價中，那好比最後的一點燃料也扔進反應爐中，燒完了燒沒了，股價自然也就「油盡燈枯」。

另外一種人推薦的股票絕對不能買，那就是自家公司的老

闆；當一位上市公司的老闆，第一位要做的事情便是搞好公司營運，怎麼會是喊股價呢？當一位上市公司的老闆要開始喊股價的時候，無非就是兩種狀況：

一：他自己要獲利了結，所以叫散戶進場接盤。

二：他知道他的公司營運不好，快倒了，所以想要盡快拉高股價出貨，僥倖心理能夠帶一把現金走人。

老衲炒股三十餘年，記憶所及，看過台股市場上殞落的公司有：大明化、台鳳、台灣工礦、新玻、國豐興業、華隆、嘉畜、嘉食化、久津實業、光男、東雲、中興紡、力霸……還曾經不幸，與其中幾位老闆同桌吃過飯；對於這些即將殞落的商界大佬心中的搏一把慾望，相信還是看得很透的。

再退一萬步來說，即使那些老闆出面喊盤的股票，公司的內部真的沒有甚麼問題，而且老闆自己的心態也沒有要獲利了結出場；可是你想想：如果一家公司的股票，連老闆自己下海喊盤，也不過就只是眼前這個價，那麼後續，又能有多大的漲幅？

玩股票，最重要的就是「趨吉避凶」，其中「避凶」又比「趨吉」更加重要，巴菲特所謂的「絕對不能賠錢」是也。

一些小小的鐵律背熟，能夠少賠許多錢；比如俺師常掛在嘴邊上說的：「零售餐飲，打死不IN」、還有「大砲一響，『銅』價萬兩」（這是日本股神是川銀藏的典故）等等，都很值得大家認真思考與玩味。

市場先生的下一步 46
被錢推著走

　　寫了那麼多篇關於投資的訣竅,也來寫寫資本市場的缺點。

　　其實資本市場的缺點,相當顯而易見,那就是整個社會中「被錢推著走」,所有的一切價值被「錢」所定義與定位,而所有的道德觀與合理性,也都是為金錢所向而衡量。

　　也就是說:一件錯誤的事情,只要「錢到位」,就會變成正確的事情;一件不符合常理的案件,只要「錢到位」,也會變成大眾認可的標準。

　　舉個例子。

　　2010年,有位生物科學家在麻省(Massachusetts)劍橋市(Cambridge)成了一家公司叫做「RNA 模式療法」(ModeRNA Therapeutics),意即想用他自己的研究,以 RNA 作為本位療法,進行商業化的產品。

　　美國的麻省劍橋,是美國成立之初,老白人聚集的最大利益中心之一;換句話說,就是根正苗紅的北京朝陽區、長安街之類的地段,起始點就是相當的偉光正、尊貴不凡。

　　這位生物科學家很厲害,人脈很廣,成立之初就找了美國最大的幾個專投生物科技產業的投行如 Flagship Ventures,進行注資,並在投行的指導下,找來一位完全不懂生物科技,但很懂得行銷與募資的執行長班塞爾(Stéphane Bancel)。

　　在執行長班塞爾的努力下,嚴守公司的技術保密原則,完

全沒有在《Nature》、《Science》等技術期刊上發表過任何公司關於 RNA 研究的成果，反而常常找 CNBC 與 CNN 等美國主流媒體做報導，大肆宣揚所謂的 RNA 作為一種未來療法的巨大潛力；並將公司改名，以一個發音類似於義大利城市的新名字莫德納（Moderna）替代舊名（ModeRNA Therapeutics），最後在公司實際虧損十五億美元的情況下，在美國納斯達克（NASDAQ）上市。

也就是說：這家「RNA 模式療法」的生物醫療公司，完全沒有做出任何一支能通過美國藥檢局（FDA）認可的有效藥物、或者疫苗產品，但仍舊可以在美國納斯達克（NASDAQ）上市，當年度以 23 元美金的價格發行近三千萬股，募款所得六億多元，而當年度分析師給出的估值，依據 RNA 未來對於治療疾病的巨大潛力，給出了近七十五億美金的市值評估。

後來發生的事情大家都知道了。

在 2020 年 1 月 11 日，中國公布新冠病毒的基因序列後，僅僅兩天，這家取名靈感來自於義大利老城區的莫德納公司，便自行公布已經破解此病毒的基因的疫苗 RNA 序列，命名為 mRNA-1273，隨後在 1 月 23 日便獲得比爾蓋茲投資的基金（Bill & Melinda Gates Foundation）挹注總額不公開的疫苗生產資金；並於 2 月 7 日生產完成第一批新冠病毒的疫苗試劑。

同年三月，據報導稱：莫德納執行長班塞爾進入白宮開會，向川普總統拍胸保證，莫德納能夠生產出來有效的新冠疫苗。

很快地，在 5 月 15 日，川普總統便宣布成立「超光速行動」operation warp speed，來對抗新冠病毒，加速生產新冠疫苗，而此行動負責人斯勞（Moncef Slaoui），是在莫德納公司

上市前就參與董事會的成員之一；而此行動中，莫德納又獲得了來自白宮的近五億美元投資。

不令人意外的是，從2010年到2018年上市這八年，甚至到2019年間都做不出任何一支有效疫苗的莫德納公司，在2020年的七月底便宣稱新冠疫苗的三階段試驗完成，並於八月開始正式對外販售，與多國政府簽訂大規模的疫苗供應計畫。

同年度莫德納公司從低點17元最高漲至11月時的71元，股價漲了三倍多，執行長班塞爾與他的公司莫德納，儼然成為某種程度上，全世界的新一代救世主。

這個故事是不是怎麼聽，都覺得有點問題？

一家從來沒有成功經驗的生物醫療公司，在一連串資金與大人物的背書之下，搖身一變成了人人追捧的明星救藥。

以前香港賭馬界有句名言：「不賭黑馬，只賭贏過的老馬。」是以老衲怎麼都無法相信莫德納這家公司，會在這麼巧的時機點，變成一匹拯救全世界的黑馬。

不符常理，但可能，符合資本主義下「被錢推著走」的社會邏輯。

美國向來是個很可怕的國家，其中生技業恐怕還是占小頭而已，占美國營運收入比例，最大份額的恐怕算軍火商。

美國的生技產業都可以有這種故事。那麼美國的軍火商，會不會因為「被錢推著走」，而在全世界各地支持反政府軍煽起各種暴亂，以便趁亂賣軍火、大發利市？

想想吧！

市場先生的下一步 47

如果性交易合法化,嫖資會漲、還是會跌?

說「如果性交易合法化,嫖資會漲還是會跌?」之前,先來理解一下基礎的經濟學。

經濟學大家都知道,無非就是供給與需求兩端;不過有一個更深入的概念,就是「成本」。

「成本」怎麼看呢?從需求端這面來看,那就是「時間成本」,也就是「機會成本」;所以大家都知道,雖然自己在家做一塊三明治比較便宜,可是還是會去早餐店買三明治,因為早餐店幫你省下「時間成本」。

老衲常說,很多武功裏的東西,搞不好你多打幾場架就可以領悟到;不過你還是得找老師學,因為老師能夠節省你自己花時間摸索的時間成本。

如果從供給端來看,成本又可以分為「(初始的)生產成本」與「交易成本」;而交易成本,又可以分為「資訊成本」、「協商議價成本」與「執行合約成本」。

資訊成本,就是那些幫古董商掌眼的鑑寶師在賺的錢;協商議價成本,就是律師、採購在賺的錢;而執行合約成本,在社會上就是保鑣、圍事、法官、警察等人在賺的錢。

有沒有發現,其實絕大多數人在賺的錢,都是在幫別人節

省成本的錢；也就是說，你能夠幫別人節省越大的成本，你的報酬越高。

總經理為什麼薪水高？因為他能幫董事長節省管理千人以上公司的時間成本。

醫院為什麼能賺錢？因為他幫病人媒合、節省了上述三項交易成本。

要想拿到超高的報酬與薪資，先想想你能幫什麼人節省什麼樣子的成本；也就是說，當你能夠解決的問題越大，能夠在社會上得到的報酬就越多。

從這個角度考慮一家公司，也是如此；一戰與二戰時期，美國鐵路、電視機與電冰箱興起後，超市如 K-Mart 等就開始取代傳統的夫妻零售店（柑仔店），因為鐵路節省了商品傳輸的成本，電視機節省了日用品企業打廣告的成本，而電冰箱節省了民眾的保存成本。

不過當時的超市大多聚集在城市裏，鄉村中還是以夫妻店為主。直到後來二戰後個人汽車的普及化，以鄉村為主要發展據點的 Wal-Mart 才應運而生，1980 年代，集中在城市的 K-Mart 有兩千餘家，以鄉村為主的 Wal-Mart 才兩百家上下，時至今日，Wal-Mart 早已破萬連鎖，而 K-Mart 早已跌破千家。

何也？因為個人汽車的普及，讓民眾可以自行開長途車去一次性載回日用品，所以大型超市便不需要再開在交通便利的城市裏。

當然零售業的戰爭仍未結束，後來又有 Costco 橫空出世，Costco 的經營邏輯又是另一種商業模式。

Costco 開始的時候，主要的收入以會員年費為主，他們收取一個很低的年費，約莫 65 美元，不過店內的商品都是專人

精選的優質日用品,再加上幾乎是以成本價(只反應當初的進貨價與運輸成本),去賣給消費者。

所以雖然實際的商品,Costco沒收到這轉一手的利潤;可是光會員費,便足以支持Costco這樣的商業模式持續擴大。

仔細想想,為什麼Costco的會員願意支付這筆額外的費用呢?當然是因為Costco幫他們省下了交易成本中的「資訊成本」與「協商議價成本」。

回到一開始的問題:如果性交易合法化,嫖資會漲還是會跌?

從美國歷史上的禁酒令看來,凡是有壓迫的地方就有反抗,凡是有禁止的地方就有溢價,可以知道只要是法律禁止的,價格都異常的貴;可想而知:如果性交易合法化,嫖資絕對是會跌的。

從理論上看來,被法律所禁絕以後,民眾在做交易時的「資訊成本」、「協商議價成本」與「執行合約成本」都會升高;所以一旦開放,三者成本劇降,嫖資不跌也難。

很多道德‧社會問題其實都可以用經濟角度去看,會有不同的風景;老衲曾問台北地下約架王,最近還在路上打架嗎?架王苦笑:「不打了!路上攝影機變得很多。」──老衲掐指一算,這就叫做「事後逃脫成本」與「隱含的法律後果成本」變得極高,所以「在路上隨意找人打架」這項運動,也只能隨著時代蕭條,變得越來越不流行。

可惜。

市場先生的下一步 48

人要通才，企業要專才

一般來說，一個人要在社會上世俗的標準中混得成功，得要是「通才」，而不是「專才」。

很多人專業技能很強，可是除了專業技能以外的事情一竅不通，比如社交，比如藝術品味，比如體能，比如怎麼動手找資源，比如怎麼靜坐澄清思慮，甚至比如怎麼祈禱怎麼求好運；這些都對一個人在社會上做成一件事，得到大眾、老闆認可進而賺取報酬，有很大的關聯性。

通常來說某個行業的頂端人物，其專業技能可能只有七十五分的成績；可是他除了專業以外其他的技能也不錯，才會讓他當上這個行業的龍頭老大。

不過對於企業來說，就不是這樣；一家企業是越「專才」越好，越把一項服務或是產品磨到閃閃發光越好。

力分則散，追二兔不得一兔，這說的都是針對企業而言；比如台積電與Intel（INTC），前者只專心做代工，而後者除了代工也兼著做設計，孰優孰劣，不證自明。

記得2008年金融海嘯前，有一家很有名的上市公司倒閉案，該公司上市以來，據報導產品有 LCD TV、可錄放式DVD、PS2 用基板、Smart Phone、節能式電子變壓器、GPS、UMPC，還幫飛利浦代工 DVD、投影機，與電源主機板，與南韓大廠 LG 的 LCD 電視，及德國歐司朗白光的 LED 散熱技

術權⋯⋯幾乎當時所有的電子消費性產品,這家公司都有參一腳。

這家公司叫做「雅新」2418,是金融海嘯前,老衲聽到身邊朋友賠得最多的一支股票。

儘管不懂財報、不懂他們公司內部是如何搬山倒海做假帳的,光看這家公司啥屁煙都抽一口的德性,就該知道這家公司應該要閃得遠遠的。

以前老衲有個長輩家裏,小公司只做一項生意:那就是拉鍊中的拉片與拉頭的結合;他們家公司有一個機器,可以將拉片放入拉頭以後,讓那個機器用力一壓拉頭,將拉片卡在拉頭裏頭。

長輩說這個東西,原來是要在工廠雇用流水線工人,一個一個,用手力使大老虎鉗將拉頭壓死卡住拉片;後來他的阿公發明這個機器以後,大量節省人力,而且速度變得奇快無比,將原來用工人人力的拉鍊工廠通通打垮。

他們祖孫三代,就靠這個一項還不是整條拉鍊,而只是拉鍊中的拉頭與拉片結合的生意,讓三代人都能開上保時捷Porsche。

買股票就是買公司,買公司最好要買這種專項專才做到精絕的公司;看人要看通才,如果不是通才,請看《老衲作品集》增廣見聞,擴大心胸與格局,不等上帝,自己去打開生命的窗。

市場先生的下一步 49

飛彈打來，房價真的會降嗎？

台灣這幾年（時年 2024）房價漲到天上，執政者一句「四年過去，你買得起房嗎？」，打動了無數年輕人；可惜打動歸打動，選票歸選票，台灣房價自從 2003 年以來，似乎從來沒有經歷過任何一次有感覺的回檔，只分緩升與急升，最後還是直噴上天。

於是有許多人開始想像：「如果飛彈打來，讓台灣房價跌一大波，讓所有人都買得起房，那該有多好。」

今天我們認真地思考一下：如果飛彈打來，房價真的會降嗎？或者我們可以更直觀、更坦白地去思考：如果戰爭來臨，房價是否會降低？

找一個對照組，太平天國攻入上海的時候，上海的房價是漲？還是跌？從已知的資料來看，上海戰區的房價不可考，因為戰火蔓延，根本不可能去住，當然也沒有交易商（房仲）去媒合；不過在租界，不管是英租界、法租界，房價翻了十倍也不止。

（老衲這段話是有來源的，太平天國三次攻入上海，當時上海法租界有一個法人領事寫過一本小小的回憶錄，俺在旅巴黎期間看過，書中說，上海周圍原來一畝地最高也賣不到二百兩，可是太平天國三次攻入上海城後，那一畝地翻到一千二百兩也不止——地皮都翻了五倍，房價肯定不只十倍。）

再找另一個對照組,當年伊拉克戰爭,美軍攻入伊拉克,結果伊拉克的房價不知如何,可是難民湧入的周邊城市,如大馬士革(Darmsoq)與安曼(Amman),房價都翻了一倍以上。

最後說一個親身經歷的故事,老衲的祖祖是川人,當年日本侵略中國,北平淪陷,南京淪陷,武漢也淪陷,於是大批大批的國民黨軍隊湧入重慶城;祖祖說:中日開戰前,重慶城內一間房不到百元大洋,國民政府還沒進重慶,一間房便漲到千元大洋以上。

想想上頭的三個故事,可以得到一個結論:如果飛彈飛過台灣島,真的砸下來,那麼戰區的房價即使暴跌,不過你也找不到房仲夫買;反倒是不會開戰的那些內陸地區如南投、苗栗山區,亦或者是如東岸的花蓮、台東等較安全的地方,可能會因為難民湧入而房價、房租暴漲。

所以如果你祈禱飛彈打來,讓台灣的房價攤平;那麼老衲告訴你:飛彈打來只會讓某些區域房價變得更高而已。

很多事情都是這樣,仔細深入一想,可能會得到完全不同的結論。

比如很多道德魔人說「不可以泡酒家」,可是你仔細一想,那些酒家女都是因為爸爸、媽媽得到絕症才出來工作;所以你不去酒家,那麼就是陷人爹娘於絕境,甚至可以說你們這些不去酒家的人,都是間接殺死人家爹娘的幫兇——哎,這真的是一個道德標準上的兩難囚徒困境。

老衲曾跟一個道德標準很高的朋友說起這件事,說:你不泡酒家,就是潛在的殺人犯;可是如果你泡酒家,那或許只是稍稍有點妨害風化而已,這兩者孰輕孰重?身為一個道德魔人,你覺得到底應該如何選擇?

這泡酒家的囚徒困境題，考驗了那位道德魔人好幾晚睡不好覺，最後他終於說出他的答案，他說：「老衲！我知道了，不如我這樣——在家打手槍（自慰），然後將原本要上酒家的錢，通通捐給罕見疾病的基金會！讓基金會去幫忙那些得到絕症的人們，而我，也可以不去嫖人家的女兒，一舉兩得。」

　　——大家有沒有發現？這個故事告訴我們：「酒家」與「慈善單位」在經濟學的替代效應下，兩者是相互競爭的產業，因為競爭的都是有愛心的男人口袋裏的錢。

　　而「城中的房子」與「鄉下的房子」，原則上也是有一個替代效應的；也就是說飛彈打來時，城中的房跌掉的價格，很可能會通通在鄉下的房上漲回來，房價，不可能像許多年輕人幻想的那般美好。

　　最後還是祈願：願兩岸領導人都有智慧來領導與解決這個歷史難題，因為戰爭永遠沒有贏家，只有輸家。

市場先生的下一步 50
股市是修心的道場

最近在思考一件事,所謂的佛法,或許只是「內心的寧靜」。

但是我們要在許多負面的挫折下去接近,因為那才是真正的寧靜;好比古人練功,不可以舒舒服服在冷氣房吃好睡好練,應該要在酷日曬暑、寒冰凍結,或者是大瀑布衝擊下訓練,為什麼呢?因為這裏頭訓練的才會是你在交感神經興奮時,用副交感神經壓下去的寧靜。

慧可斷臂,當下證悟。老衲一直在想:他悟的是什麼?最近想想,或許他悟的就是一種寧靜。

這種寧靜先天下事而來,後天下事而去,不以物喜,不以己悲,是的,悲喜都要能寵辱不驚,那淬煉出來的寧靜才是真的寧靜。

也或許是因為這樣,密宗才有所謂的雙修、歡喜禪,別人練功,練的是遇到負面的挫折不動心,這種歡喜禪的雙修法,可能修的是遇到人歡喜人極樂而不動心。

按照這種思路,其實每一次的挫折與失敗,都是我們修行的良機;當然成功與獲得也是。

想一想其實這些都跟股市很像,在股市裏,遇到大賠不可以動心,遇到大賺亦是不可以動心。

許多人認為自己佛法修得頗高,叫他把全副身家壓在股市

裏試試看？以老衲的偏見斜眼看來，這些所謂的「修行人」，十有十一會大破其功。

人生要在挫折中鍛鍊出來，佛法要在誘惑中沈澱出來，而股市，要在賺與賠中才能見得真性；很多人迷信什麼少年股神，其實少年股神最可怕的一點不是他大賺過，而是他沒賠過。

細品。

市場先生的下一步 51
碳權，值得投資嗎？

　　老衲有一個大哥，約莫在六、七年前，至少在新冠疫情前好幾年，就開始搞碳權交易；最早的時候為了去巴西雨林談生意，還跑去醫院打了一大串那種平常人不會打，熱帶雨林的特種黃熱病疫苗。

　　大哥最初開始搞碳權生意的時候，全世界範圍內的新聞也只是剛剛開始報導，這幾年碳權正夯，報導鋪天蓋地，大哥好像經營碳權買賣也到了一個穩定期，放手給公司手下營運，自己一轉身，又鑽入東南亞開始搞新的生意。

　　因為大哥的緣故，俺很早就知道有碳權這檔東西，可是想來想去，沒有下手；與當年的比特幣（BTC）一樣，不是這麼看好，所以沒有投資。

　　不過呢，對於比特幣這項玩意，老衲承認錯看。比特幣在最初始上市可以買賣的時候，的確是一個非常好的投資標的，老衲當初一念之差，錯身而過，終身悔恨不已；但是關於「碳權」，俺還是不認為它是一個很好的投資標的。

　　今天就來寫寫關於老衲對於這兩項商品的檢討書與思考。

　　當年比特幣剛剛開始可以交易的時候，老衲的確很不看好這項東西，因為以「貨幣學」的理論來說，這玩意缺少一個最重要的元素，那就是「信用擔保」。

　　美金不是很好，可是有美國政府做信用擔保；歐元也貶值

的厲害，可是也有歐盟作為信用擔保。甚至在全世界範圍，很沒有力的新台幣；至少在台灣一地使用的時候，有台灣的中華民國政府做它的背後信用擔保，所以還算是可以用一用。

可是比特幣有甚麼呢？固然它的去中心化理論很迷人，不過就如同共產主義一樣，理論迷人，但放諸實際，似乎在現實生活中沒有那麼可行。

比特幣最大的優點，就是它沒有中央的管理機制；但比特幣最大的缺點，也是因為它沒有中央的管理機制──對於這個缺陷，老衲想了很久，想了很久，始終沒辦法說服自己去投資一個無根的浮萍；就好比一家公司如果沒有穩定的商業服務或產品做基本面，即使價格炒的再高，待真要下手投資時，還是會心驚膽跳。

不過這個沒有基本面的疑慮，在老衲後來看了一部 Netflix 的影集《南方女王》（Queen of the South）後，便煙消雲散；為什麼呢？因為《南方女王》中明白地演示，毒梟團夥可以透過比特幣等加密貨幣來儲蓄與洗錢。

──如此簡單的道理，老衲此前居然一直沒想到：加密貨幣最大的需求者，就是所謂的地下金融、地下經濟等等的商販與交易，所以加密貨幣其實是有基本的需求面的，它的需求者不但很多，而且市場極大，不可估量。

再來說說碳權。

碳權有的一千項、一萬項優點，不需老衲贅述；不過碳權有一項致命缺陷，就可以將它劃掉離開投資的口袋名單。

那就是：碳權的交易次數，是有限的。

任何一項好的炒作標的，都需要可以無限次來回買賣交易；比如股票，比如私產制下的土地；甚至比如黃金、石油一

類原物料。

美國開墾西部的時候有個寓言式笑話，大致是說：兩個馬場主人，來回買賣一匹神奇的馬，這個月 Adam 將這匹馬以一百元賣給 Bruce，下個月 Bruce 再將這匹馬以一百二十元賣給 Adam，以此類推，不斷循環。

最後他們找來不同的銀行估值，銀行一看這匹馬的交易紀錄，哇，每一個月都有 20% 的回報率，是個良好的金融資產，於是便慷慨貸款給 Adam 與 Bruce，讓他們融資，以便繼續買賣這匹馬來炒作獲利。

這個「雪球」越滾越大以後，最終終於吸引到東岸 MIT 的一位金融學教授；教授聽到了西岸有一匹每個月增值 20% 的馬，於是貸款了一萬元美金將那匹馬買回東岸展示。

結果不但教授失望，因為左看右看，也看不出這匹馬為什麼可以有每個月二成的報酬率；就連西岸的馬場主 Adam 與 Bruce 也失落，因為他們一切的貸款與信用增幅，都是來自那匹馬，那匹馬一走，他們再也找不到回報率這麼高的投資標的。

這個故事在上世紀的投資類書籍中傳的很廣，不同的大師，都對這個故事有不同的解釋；不過按老衲的想法來解讀，其實這個寓言說的意思是：

「能炒作的東西，它的買賣次數要頻繁；或者說不能有買賣次數的限制，抑或者可以總結成學術公式來說：一件商品的流動速率越高，價格就能炒就能炒作得越高。」

（股票市場的量價關係也是這樣，很可能只是主力的左手換右手，但就能將交易量與價格炒上去；而所有的技術線型指標，其實都是由量價關係衍生計算出來的。是以迷信技術分析

的朋友,要好好仔細想想這裏頭的邏輯辯證。)

以這點來看,碳權對於買賣次數有限制,故並不是一個好的炒作標的。

當然,人生並不是只有炒作商品賺錢而已;碳權是一個拯救地球的指標商品;如果是出於大愛或者人類的共生性的目的,碳權依舊是一個很好的投資商品。

老衲小時候上課無聊,曾經整理過中國歷代朝代,因為地球的冷暖而發生的朝代更替寫在後頭,給大家做一個警惕。

西元紀始至西元 600 年間,為一個地球的寒冷期;所以這期間:西漢由盛轉衰、王莽篡漢、東漢末年三國戰亂、魏晉南北朝大分裂。

這個寒冷期的主旋律是:北方遊牧民族,因為地球越來越冷,所以不斷南下打擊南方的農耕民族。

有趣的是:東漢的短暫盛世,恰好處於這個六百年寒冷期中的小回溫時期,也就是約在西元 30 年至西元 180 年;也就是說漢獻帝劉協(被曹操挾天子以令諸侯的那位)出生(西元 181 年)以後,接到到漢帝國,恰好是處於一個短期回溫後又漸趨寒冷,農作物漸漸收穫不豐,北方遊牧民族又頻頻南下進攻的時期。

西元 184 年,北方的黃巾之亂在邯鄲爆發(邯鄲學步的那個邯鄲),三國亂世正式揭開序幕;漢獻帝劉協接的坑,或許非他本人力所能挽。

根據歷史氣溫的考察,古代中國約於西元 500 年左右,氣溫降到最低;對比當時北魏遷都洛陽(西元 493 年),或許除了戰略考量之外,也有糧食運輸的成本因素。

西元 600 年後,一直到西元 1050 年上下,則是地球的溫

暖期；此一時期氣候較暖，所以中國北方的農耕地收穫，普遍來說較南方為佳。

此一溫暖時期，度過了中國歷史上的隋、唐、五代與北宋；隋唐時期，長安號稱「八水繞長安」，柑橘可以在長安結果，荔枝也可以在四川種植；所以楊貴妃的荔枝，不需要從荔枝的原產地廣東運至長安，直接走秦嶺古道就可以。

（從四川運荔枝進長安的古道，唐時人稱荔枝道，其中一條道就是當年魏延進策諸葛亮，要奇兵突襲的子午道。）

從西元 600 年到 1050 年上下，是一個大溫暖期；不過其中約在 850 年至 965 年，氣溫忽然下降，算是大溫暖當中的較冷時期。所以在西元 850 年前發生的安史之亂，雖然重傷了唐帝國，可是還勉強能維持住一個表面統一的局面；而在 850 年之後的一百年間，中國發生了唐末民變與五代十國的大混戰。

西元 966 年，氣溫回升；所以在 960 年黃袍加身的趙匡胤建立的北宋帝國順風順水，於 979 年由趙匡胤的親弟弟趙匡義接手，滅掉北漢，正式完成中原王朝的帝國統一。

北宋，是中國（中原）古代王朝第一個人口破億的帝國；可惜開局順利，後續無力，馬上遇到西元 1050 年至 1200 年的這一段寒冷期。

來看看宋史的紀錄：

西元 1110 年，北宋大觀四年，福建泉州人雪。

西元 1111 年，北宋政和元年，江蘇太湖全面結冰。

西元 1127 年，金兵南下引發靖康之禍，導致北宋滅亡；也觸發了數十年後全真派丘處機的取名靈感。

西元 1178 年，南宋淳熙五年，福州發生冬季暴風雪，荔枝樹通通結冰。

此一時期，金國持續進攻相對氣候較為溫暖，物產較為豐饒的南宋（南方地區），可是始終攻不下來。

這裏多提一嘴：歷史上的全真派王重陽，出生的時候就是金國人，後來進入元朝以後全真派還受了元帝國的蒙古人冊封，借助朝廷的力量才能將此道門推廣的影響力如此之大。

而王重陽有沒有跟林朝英談戀愛、搶《九陰真經》是不曉得；但從真實歷史上來看，王重陽從來沒有反過金國，相反地全真派還跟金國走得很近。

另外在全真派得到朝廷官方認可之前，王重陽創派擴張的第一步，是找到當時的山東巨富豪門，馬丹陽的支持，並收馬丹陽為大徒弟，這才打開全真派的名聲。

馬丹陽者，即為《射鵰英雄傳》中教郭靖內功的馬鈺；師靠徒捧，自古理則一也。

扯遠了，說回中國歷史上的氣候變遷。

西元1200年至1350年，又是一個經過寒冷期後的溫暖期。

這一時期的氣候暖化，讓中國北方不那麼冰冷難居，是以蒙古人部落人口德得以擴張，於是在1205年至1209年，成吉思汗統一了蒙古各部，襲擊金國；1234年，蒙古聯宋滅金；1227年，蒙古滅西夏（不知李秋水有無傳人遭殃？）；1278年，蒙古滅南宋。

此後，元帝國持續統治中原地區90年，直到張無忌領導的明教起兵反抗。

西元1350年至1900年，地球又進入了一個廣義的小冰期；在中國歷史上，也被稱作明清小冰期。

西元1350年：爆發元末農民起義。

1351年：白蓮教的韓山童發動紅巾軍起義；不過韓氏在

金庸筆下,亦被歸到乾坤大挪移的張無忌教旗下就是了。

1368 年:朱元璋推翻元帝國。

在這漫長的五百多年小冰期中,氣溫多次下降到極低,又短暫回暖;其中 1470 年至 1520 年是一段較為寒冷的時期,恰好對應著明代沿海倭寇之亂最嚴重的時期,也對應著日本由足利氏而起的戰國時期。

另外西元 1550 年至 1600 年,也是一段小小的回暖期,恰好對應張居正變法的日子。

西元 1620 年至 1720 年,中國再度陷入寒冷期,南方的明帝國開始發生各地的大饑荒,北方的女真族也開始四處出擊;這其中在 1650 年至 1700 年最寒冷的五十年間,漢水五次結冰,太湖與淮河四次結冰,就連洞庭湖也發生三次的大規模結冰。

這個時期也是明帝國滅亡的年代,1627 年陝西飢民暴動,1644 年李自成攻陷北京城;華山派袁承志活躍的年代,其實是一個飢民遍地的年代,路上到處可以見到皮包骨、人吃樹皮,甚至是易子而食。

明帝國崇禎當家的 17 年,是 1620 年至 1720 年間幾乎最冷的一段時期。

當時的明朝大官錢謙益,本來要在南京的別墅豪宅中跳湖自盡殉國,豈知道摸了一下湖水後說:「水太涼,不能下。」——或許他說的是真的,那時整個中國幾乎都凍住了。

西元 1670 年,中國的清帝國康熙九年,也就是康熙聯手韋小寶在御書房捉捕鰲拜的後一年,鄱陽湖結冰,當時的京杭大運河一連凍住一百多天。

清乾隆帝是一個好運連連的君王,因為西元 1770 年至 1830 年,是一個大回暖期,才讓他做了一個十全武功的乾隆

盛世。

西元 1840 年至 1890 年，中國又陷入寒冷期；此一時期太平天國的大戰亂爆發，全中國死亡人數超過一億人。

1877 年，山西、陝西陸續發生大飢荒，死亡人數高達千萬。

在西元 1900 年後，整個地球終於回暖，直至今日──

真的不曉得時代是否有進步？在過去，寒冷是一種可怕的災難；在現代，溫暖才是一種避之惟恐不及的天災。

碳權是不是一個好的投資標的？老衲以為：從獲利看，未必是；可是從全人類的角度上看，絕對是。

當然，即使不從地球暖化上的角度看，碳權也應該對企業收取；因為這代表企業排放空汙的外部性得到管制與規範。就好比如果鄰居的狗叫聲吵到你，你應有權利去對鄰居收取一個「被狗叫聲干擾」的費用，沒辦法收，只是因為這個外部性難以定義，而不是不該收取。

以上就是老衲對於「碳權」的意見與思考，其他的，留給看倌自行判斷吧！

市場先生的下一步 52

買股的季節

昨日關於地球暖化的文章太沉重，今天來談一點輕鬆的。

當年老衲隨師學習炒股的時候，常聽先師說道：「買股票，是有季節的，最好在秋末的時候進場。」

當時叩問先師，他大多不置可否微笑回應；再對照他的對帳單，發現他多在四月下旬至五月，亦或在十一月中至十二月初時買進股票，其他時間休息或賣出。

想了很久其中奧秘，推測出來兩種季節買股法的可能原因：

一：秋末氣候較冷，散戶頭腦比較冷靜，籌碼相對安定；此時買股，價格相對平穩，沒有太多溢價。

二：台股自古以來有兩波資金行情，其一是春節前後大家拿到壓歲錢、獎金、年終等的亂買行情；其二是七八九月的除權除息，散戶拿到多餘的錢後，再投入股市的資金亂投行情——有行情的時候，大多是價格是相對溢價較多的時間點，所以在這段時間點中，「相對而言」，比較容易買到價格過於浮誇的股票，也所以要避開這些時間段，再來買股。

先師常說：「炒股不是技術，是藝術，甚至是一種玄學。」

把他老人家常說的一些經驗分享寫將出來給大家參考，是對是錯，人家自己體會吧！

*註：台股歷史上多次大跌，都發生在中秋節之後。

市場先生的下一步 53

索羅斯的《金融煉金術》到底在講什麼？

熟悉索羅斯（George Soros）的朋友，肯定都知道《金融煉金術》（The Alchemy of Finance）這本書，而也知道索羅斯本人，除了金融投機家的身份之外，他自己最重視的身份，便是哲學家；而《金融煉金術》這本書就是在闡述他個人的哲學思想的一本書。

不過這本書出版以後，絕大多數的評論都是：「深奧、難解，絕佳的催眠入睡文字。」──直白地說，華爾街的所有投資家對這本書的評價都不是很高，原因無他，裏頭的理論太玄虛，太難與現實的投資行為產生關聯性。

其實要研究這本書，得先看過索羅斯在寫這本書之前的另一本書（未出版，只有手稿），名做《意識的負擔》（The Burden of Consciousness）；而這部手稿比《金融煉金術》更難懂，連索羅斯也曾在某次訪談中自嘲：「連我自己也看不懂自己前一天寫的東西。」

《金融煉金術》到底在講什麼呢？或者說：索羅斯的哲學（當然是『投資』哲學）的核心思想是什麼呢？一言以蔽之：那就是「自反理論」（Theory of Reflexivity，亦有人翻譯做反射理論）。

索羅斯在書中來來去去，反覆描述的一件事就是：金融市場就像一面鏡子，當你面對鏡子，舉起右手，那麼鏡中的你也會舉起右手，於是，你得按照這個「鏡中人舉起右手」的型態，來考量並且判斷你的下一步。

光是以上這樣解釋當然有點難理解，不過老衲講一個實際的案例來解說，大家就容易明白。

最近（2024/08）台股剛從月初的大跌中稍微緩過氣來，就有很愛炫耀自己是從正牌投行出來的投資網紅開始解盤，說被邀請到一個大佬敘舊飯局（其中有投信基金、自營退役的操盤手，與上市櫃公司退休的長官），大佬們考驗他對於盤勢的看法，他講解得很精闢，通過大佬們無形中的面試云云。

這位投資網紅怎麼解盤呢？他說：短期反彈，中期打第二隻腳；明年打底後再反攻。他的理由是：短期技術面進入了超跌，融資銳減，但反彈後可能還會拉回；因為資金動能不足，後市對經濟衰退的疑慮、美國降息後股轉債、還有房貸下行質押利率上調、台商資金回流與ETF募款潮等等因素，導致熱錢極度缺乏。

投資網紅說，他這一大套分析盤勢的精闢見解，獲得大佬們的一致認可，讓他（自信心膨脹？）開啟說教模式，劈里啪啦對大佬們教育了許多最新的程式交易眉角。

投資網紅的這篇文章是昨天（2024/08/15）放上去的，放出來以後得到廣泛大眾的讚賞與認可，其實老衲昨天看到這個文章的時候，心底就在想：『如果這麼多人都認為會打第二隻腳，那麼有極大的可能性，不會打這第二隻腳；而是可能直下或者直上。』

果然，昨天晚上美國開出來的初領失業金人數與零售業銷

售一片大好，美股大漲，感覺後續打第二隻腳的可能性就越來越薄弱了。

我們來練習用索羅斯《金融煉金術》中的「自反理論」推估一下這條預測：首先，市場是一面鏡子，它本來無好無壞；可是當所有人當認為會打第二隻腳的時候，自然，所有人都縮手不買股票；於是？於是股市很可能只有兩種抉擇：第一是無量崩跌，第二很可能是低量暴漲。

當然，這不是說從此就直上青天，或者深墜地獄；而是說，如果所有人都認為股市會「直上青天」亦或者是「深墜地獄」的時候，股市如同一面鏡子，也會依此做出不同的反應。

也就是市場中的那句老話：「股市的趨勢，永遠會從大多數人想不到的方向去前進。」──其實這句話就是索羅斯的「自反理論」最好的解釋──當你舉起右手想要捶鏡面中的你，而在此同時，鏡面中的你，也正舉起右手要捶鏡外的你。

也就是說，老衲先前無數次說過的：永遠不要去猜測市場的走勢，我們不能依靠預測來賺錢，「預測趨勢」在市場中不佔一席之地。

我們能做的只有「種下種子」，也就是找出被市場低估的公司或標的，下手重壓，然後靜待種子發芽，如此而已。

一直都很喜歡索羅斯這個人，尤其是他對於自己猶太人身份與猶太教義的反思，與他在世界上各專制體系下所做的慈善與努力；忽然想到他的理論很多人看不懂，斥之為沒用的催眠文字，忍不住幫他老人家解釋兩句。

希望沒有扭曲索氏之意。

市場先生的下一步 54

題材比內容重要

　　寫小說常常會有一種感嘆：題材比內容重要。

　　很多冷門題材，即使寫出一朵花來，銷量還是不好，就好比老衲的《說說八卦的八卦》、《慕容前輩的水路拳法》，還有《流與離之島》三本書；明明寫得此書只應天上有，好到不能再好，可是因為題材小眾，銷量還是不敵流行的題材所寫出來的二三流，甚至九流小說。

　　一家企業也是如此。

　　儘管高階的專業經理人們努力，公司的制度規章完善，員工天天加班努力為公司打拼；如果所在的是夕陽產業，還是很難將公司業績經營得蒸蒸日上。

　　所以我們在投資公司的時候，最重要的就是看「餅」，比如新科技、新技術的新藍海，就是「新的餅」；又比如陷入泥沼的舊市場如電信、貨櫃等大家併小家、弱家破產重新分配，就是「重新分餅」。

　　又比如：因為國際趨勢、原物料走勢，或新科技應用，所造成的人類行為改變；也會產生一種「原來的餅忽然變大」的機會。

　　比如 2010 年電商類型的公司迅速崛起，起因當然是自 2000 年開始的網路（互聯網）技術；又比如智慧型手機的推出造成的行為改變、或者像這幾年黃金價格飆漲後，帶動的如

「光洋科」1785、「金益鼎」8390、「佳龍」9955的走勢。

再比如貿易的匯差，美金台幣的匯差造成車用零組件的飆升，或者日圓台幣的匯差造成工具機產業的興衰，都是如此。

當然還有最大的走勢，就是在中美貿易戰的主旋律下，周邊許多小國的漁翁得利，或者是變成被大象打架給壓垮的螻蟻。

再當然，人生也是如此。許多很有能力的人，因為進入一個循環向下的產業，或是一家升遷制度評量不正確的公司，所以領到的薪資很低；而某些能力相對較弱的人，只是因為進入一家好公司，「豬站在風口上也會飛」，就可以成為某某新貴。

男怕入錯行，女怕嫁錯郎，大意如此；而學武功，更是如此。

很多大師或有名拳館，其實裏頭的教練與師傅不太懂得教學的；就好比名醫其實不太會認真幫你看病，因為名醫一旦成為名醫，那麼醫得不好是病人的錯，是病人自己是離群值（Outlier），而不會是名醫的問題。

跟一個不懂教學（但可能名氣很大或者很會自我吹捧或者功夫很好）的老師，再怎麼練，你的武功也有限；而跟到一個武功本身不怎麼樣，但是專心與致力與真懂怎麼教學的老師，即使你練不成高手風範，可起碼的拳腳，應該總還是會有那麼一點味道。

一點感慨，離題了。

市場先生的下一步 55

情緒也是成本

老衲常說：如何判斷一家公司好不好？只要看它是否幫助你節省足夠的成本。

小到巷口的早餐店，幫你節省了自己買食材、做早餐的時間；大至 Google 這種全球性公司，幫你節省了搜尋資訊與知識的成本。

「成本」（Cost）是經濟學中最重要的概念，而「效用」（Utility）是經濟學中最應該扔掉的概念。

「效用」自古以來根本無從衡量，好比老衲的心意六合拳，有人視作珍寶，有人棄若敝屣，如何解釋？只能靠出價來探知這件商品對你的「效用」。

不過這麼一來，效用本身就可以被取代；因為可以直接用尋租的需求曲線來解釋這個價格，從頭至尾，不需要加入效用這個概念。

或者反過來說：效用或甚至是情緒，也可以用成本來解釋。

好比經濟學大師張五常教授說的：「狗吠之聲天天在市場成交——那些貧民窟的房子之所以價格比較便宜，就是因為狗吠聲比較多的緣故。」

按照這個思路，我們的情緒也可以至少用「時間」作為成本單位來衡量。

比如說：跟這位女伴在一起，要花比較多的時間吵架，那

麼就是佔用的情緒成本比較高；而跟另外一位女伴在一起，非但不花時間吵架，還會適時消解、排除你的不開心情緒——這樣的女伴「節省了你的情緒成本」，就如同好的公司「節省了你的成本」一樣，真正足夠稱得上是一位好女伴。

《鹿鼎記》中的雙兒就是這樣，所以在眾多男讀者票選最佳女伴中，始終人氣不墜。

聽到一位大奶小妹同事要離職，說要去追求她的愛情，不要花太多時間在公司加班；忍不住想：一個女人就算狀如母豬，只要善解人意，溫柔和睦，肯定有優秀男士在旁護花。

反過來說，一個女人時不時使使小性子，時不時甩甩態要別人哄著、捧著，要旁邊的男士費盡心思去猜她那點腦內小劇場；那麼即使貌賽貂蟬，也很難有穩定的男伴相扶相持。

更甚者，這種相處起來情緒成本過高的女性，有很大的可能性身邊圍繞著追她的都是渣男一類人物——何也？因為唯有閒閒無事，時間不值錢，沒有事業也沒有興趣愛好，生活中只有女人的男子；才能耗得起這時間，賠得下去這極高的情緒成本。

這樣的男人，非渣即軟，要嘛是吃軟飯的，要嘛就是對女人胴體癡迷，一個不夠需多要幾個的海王。

希望小妹能了解：大奶只是戀愛的起手式，不能以為能單靠它，就維持得住山盟海誓啊！

市場先生的下一步 56

等公車，不追價

　　有一句投資老師，甚至是猶太股神科斯托蘭尼都說過的話，那就是「要追價」，比如：如果一張股票你在 100 元賣掉，可是知道他會漲到 200 元，那麼即使現在是 120 元一張，你還是要買回去。

　　不過這句話，其實與另外一句流傳很廣的投資心法，內在衝突，那就是：「投資如同等公車，這班沒上，總有下一班能上，別心急。」

　　老衲小時候眼高手低，好高騖遠，總想賺大錢，於是花兩年賦閒在家，天天啃饅頭，然後讀遍各大圖書館中所有的投資藏書，讓各種投資理論在腦中好好地打一架，後來再慢慢反芻思考，究竟哪　條是對的？哪一條其實沒有這麼正確？

　　始終覺得上述兩條理論，內在有矛盾之所：如果投資像等公車，不用心急，那麼何必去追價？如果要追價，那代表「機不可失」，投資又怎麼能夠不心急？

　　想了很久，最終認為「等公車」理論才是對的，追價是个對的。

　　價不可追，如同女人不可追一樣；只要價格上去，或者說只要有好消息放出來，那麼就絕對、絕對不可以去追價，才是萬無　失之道。

　　對了，「女人不可追」的道理，是來自倪匡大師的闡述；

倪匡大師說戀愛是雙向的，怎麼會是你去追她呢？應該是如磁鐵啪一下吸起來，相互吸引才對。

當年聽倪匡大師講解拍拖之道，聽得醍醐灌頂；不過他老人家是外星人投胎，其所述之道理，俺數十年修行也做不到甚至是連邊都摸不到，一嘆。

市場先生的下一步 57

品牌就是讓人說嘴的談資

自媒體時代，很多人都說要好好經營「個人品牌」；可絕大多數人對於「品牌」到底是什麼沒啥概念，今天老衲就來說一說，告訴你甚麼是「品牌」。

其實「品牌」這樣東西，說穿，不過就是「能夠讓人說嘴的談資」罷了。

好比「鼎泰豐」，真的有那麼好吃嗎？是好吃，但是似乎稍稍不足以達到這麼高的價格；可是吃過鼎泰豐的朋友，在與朋友聊天的時候，可以談上一嘴，可以說說自己對鼎泰豐的食物的各種感覺，這就是一個「談資」。

又比如說「愛馬仕」（Hermès），真的有那麼好看？或許好看是好看，可是能成為貴婦團中的一嘴「談資」，才是愛馬仕真正的價值。

（忽然想到當年桔梗學藝術，愛馬仕的藝術總監親自給她寫了一封信，邀請她進入公司擔任設計與視覺方面的領導職務；結果被桔梗以『貴公司太商業化』的理由拒絕──噫，她真是一個天生的藝術家，棄名與利如敝屣，老衲當年聽到，大為嘆服，俺遠遠不及也！）

又比如說大家都知道的，很多女明星在地下市場，都有所謂的「價格」；很多「價格」都是一般女人的數倍甚至十幾倍、幾十倍以上計；何也？因為那是「品牌」，即是「趙完

唱」是也。

如果「趙」完不能「唱」，沒有「談資」的效果，那恐怕這「價格」也很難上得去如此之高。

當然品牌效應所產生的價格落差，也包含了所謂的「資訊不對等」。

比如 AV 女優在日本本土是賤業，很多女優在日本當地根本就是酒店小姐轉行或自我行銷，嫖資自然不高；可是暗渡來台、來港，或者夢迴神州，嫖資一下暴漲數十倍——為什麼呢？當然是因為「品牌」。

日本人拘謹，嫖一個 AV 女優上不了檯面，說不了嘴，所以女優在日本當地的價格上不去；可是神州大陸、香港富豪，與台灣田僑仔的品味不一樣，嫖一個日本的 AV 女優，正好是拿來與圈內人談天說地的最好「談資」，因此「品牌」的效果就浮現出來，價格也就憑此上去。

最近聽到有許多人私下也在談論老衲，很多人俺根本不認識也能將老衲說得頭頭是道，或批或捧，講得熱火朝天。

感覺自個兒也變成一個小小品牌，與日本 AV 女優相當，能有一點料能讓人私下碎嘴談天——

真是不勝之喜呵。

市場先生的下一步 58
處女選股法

　　根據老衲多年情場經驗，處女，往往是最難搞的一類女人。

　　處女選擇對象，非常之挑剔：

　　多金且已有事業基礎的老男人？處女不要。

　　處女會想：這老男人要嘛是結過婚、要嘛是已有家庭隱瞞不報，又要嘛是有啥隱疾不敢說出來，否則怎麼到這一把年紀了還在追求女人？

　　才不要。

　　那麼，即將繼承家業的富二代？處女也不要。

　　處女會想：這種富二代，不是媽寶就是幼稚的叛逆男；而且即使繼承家業以後做得不錯，那也是繼承來的東西，嫁進去以後肯定還要看公公婆婆臉色，本處女嫁進去豪門以後還要看老頭老太臉色？才不要哩。

　　更別說，大多數的富二代不管婚前婚後，外頭的花花草草狂蜂浪蝶　整片一整片的，本處女還要花時間應付對付？才不選這種麻煩事。

　　不要不要！

　　多金老男與年輕富二代，都不要，那麼處女喜歡選擇哪一類男人呢？

　　根據老衲多年的觀察，處女最喜歡的一類男子是：「窮小子、但有上進心、氣吞山河的那種上進心；任何人一看，就知

道這小子,是肯定日後會發達的那種窮小子。」

一來,處女會想像:「這等窮小子好掌控」,未來窮小子發達以後,處女可以說:「你看,我當初選擇他的時候,他甚麼都沒有。」

二來,處女會想像:「本處女這樣陪著他平步青雲,他以後還敢甩掉本處女?」

佛洛伊德(Sigmund Freud)說過:『每個女人都是潛在的控制狂』——一個女人年輕時控制丈夫,老了以後控制兒女——而還是處女的時候呢?當然就開始幻想找一個「最能控制」的標的物。

「日後會發達的窮小子」,自然比「多金老男人」及「媽寶富二代」更好控制,自然是處女首選。

深想一層,其實這樣的選擇,到底對處女好不好?不得而知。

不過確實是一個非常好的選股方法。

許多股市老手最常會栽在的一種股,就是「多金老男」股,也就是那種「老牌大公司,擁有許多資產、每年又能定期配發出不錯股利」的績優價值股。

另外一種也很容易栽的標的,就是「媽寶二代」,像是那種「大集團轉投資現今最熱門、最新科技的小型新創公司」。

這兩種當然都是眾所周知的好股票,不過股市就是要逆反人性來做,以上兩種好歸好,投報率可能始終還是會差那麼一點意思。

最好的股票,就是那種「日後會發達的窮小子」股,又便宜,又有未來性;要知道買股票的所有考量因素中,「未來性」是重中之重,尤其是這個「未來性」的邊際成長率。

投資「日後會發達的窮小子」才是王道，處女的眼光若放在股市中來挑標的，完全正確──此選股法老衲命名曰：「處女選股法」。

此法相當犀利與精準，建議大家多用處女的眼光，來挑標的，絕對有益身心與錢包的健康。

對了，最後再提一嘴：

本文中所述的「處女」，皆為西洋占星術當中的「處女座」的簡寫略稱，有心人可不要想歪路子去哩。

市場先生的下一步 59
該怎麼樣花錢？

一般的投資書喜歡教別人「複利（的威力）」與「儲蓄（的重要性）」；老衲的投資書反其道而行，不教人複利也不勸人儲蓄，只教人花錢。

因為「賺錢」就是為了「花錢」，有錢不花是天底下最傻的傻瓜──有錢不花，那不是等於沒錢嗎？還不如沒錢的人心底逍遙自在。

老衲的炒股師傅曾說：年輕的時候從不出國，因為知道現在出國一趟花的十萬，可能是他六十歲以後的一千萬；用複利計算法倒推回來，知道乘數與微積分的厲害，又怎麼敢在年輕的時候出國？

老衲的想法卻完全不是這樣，一個人想要有錢，當然就是為了花錢，有錢又不敢花，一開始何必浪費時間去賺？不如在家打飛機、睡懶覺實在。

據聞香港某頂級富豪，身家閒閒幾百個億，煙酒不沾，一輩子不敢去夜總會，最多上上「邪骨」店享受半套服務；哎，有錢人當中混成這樣，真不知他人生算是成功還是失敗。

金錢當然不是生活的目的，不過金錢是支撐生活的手段。因此「花錢」是很重要的事，一定要搞清楚什麼錢能花，什麼錢不能花；當然，不能花的錢就不要花，一時間如果找不到花錢的標的，那不如儲蓄下來當作投資的本金，等投資賺了錢，

找到好的標的再花。

什麼樣的東西，是好的「花錢標的」？

一言敝之，那就是「體驗」。

能夠帶給你豐富體驗的東西，那就是好的花錢標的；反之就不值得購買。

一條簡單的公式：買「體驗」，不要買物品；如果一定要買物品，那麼把重點放在這件物品上能夠給你多少好的體驗，而不是物品本身。

看一本書（最好是《老衲作品集》）、參加一場演唱會、與朋友的掏心掏肺下午茶，或者去看了某場精彩的藝術展；那都是絕佳的體驗。

當然，「體驗」的極致就是「經驗」。所以有科學家做過統計，現代人最不後悔、回憶起來為快樂的消費就是「旅遊」；按照海明威的說法，一個有去過巴黎的人，與另一個沒有去過巴黎的人，人生是完全不一樣的。

又當然，「經驗」的極致就是「學藝」。學一手老衲的心意六合拳，或柔術、或拳擊或泰拳，又或者空手道劍道合氣道，都很好；學體育學音樂學畫畫，都是人生很重要而且不可取代的個人體驗。

老衲年輕的時候追女孩子，陪女孩子逛街，只要逛到有鋼琴的地方，一定坐下來彈一首「夢中的婚禮」，女孩如果嫌俗，那就接一首古典的「小步舞曲」；如果不嫌俗，那就再接著一首「海邊的阿狄俐娜」──最後看情況，多半以流行歌「鐵達尼號」或「卡農」收尾。

聽者十有九中，無不傾心，為什麼傾心？因為是「體驗」，不是「物品」，體驗永遠遠勝物品。

忽然想到年輕時第一次看《我的野蠻女友》，喜歡上「卡農」這曲，搜天入地到處去找譜子，蓋因「卡農」的譜雖常見，可是《我》劇中的版本不好找；後來一次在路上被拉去韓國教會，同教會朋友聊天才意外拿到這譜，回家苦練三個月，終於將這曲「卡農」彈得出神入化。

記得那一陣子，歐洲幾個大城市興起「公共鋼琴」的概念；時不時就可以在街口、商圈，或者是火車站等地方，見到一台露天的鋼琴讓所有想彈奏的人去彈奏。從那之後大概有近十年的時間，只要失戀，就去找鋼琴彈「卡農」宣洩情緒，每次總要彈得淚流滿面，不能自己。

後來存了好久的錢，與喜歡的女孩一起去首爾的梨花女子大學裏頭走走，那是俺生平花的最值得的幾筆錢之一。

買體驗，不買物品；一點花錢的哲學，與大家分享。

市場先生的下一步 60
天天都是合理價與結算價

上回說到,要忘記數字的桎梏,解開數字對潛意識的定錨效用;這回再來講講「合理價」與「結算價」。

玩股票,很多人都會很糾結「合理價」;其實一張股票的「合理價」就是它當下的價格,它當下的價格,是融合了基本面、技術面、籌碼面,還有市場上數以千萬級以上的各類投資人,對於這張股票背後的公司在其相對產業的市場中,所計算出來的一個數字。

比如說:今天「老衲陽具專賣店」在市場上股票的價格是 100 元,可是明天忽然有人成立了一家「尼姑陽具專賣店」──那麼即使只是喊喊口號,還沒有到還沒有到真的成立、或者上市上櫃的程度,也會對原來的「老衲陽具專賣店」的股票價格,產生一定的影響。

(可能暴跌變成 60 元,也可能暴漲變成 135 元;為何競業出現也有可能會導致股價暴漲?想想。)

因此,每一家公司股票的價格,都是「當下」所有對於這張股票的買家、賣家,針對當時的財務報表、競業分析、市場變化,甚至是相關的原物料價格,而可能引伸到對於天氣的短中長期變化……等等可能的潛在變因,所精算出來的一個動態均衡價格。

它當然是「合理價」,至少對於此時此刻,是無比正確、

無比合理的。

再說「結算價」。

很多人玩股票，也很糾結於要多久「結算一次」；有玩當沖的是天天結算，有玩短期的是每週、每月結算；也有自命長期投資人的，至少是一年要結算一次。

其實老衲的想法是這樣，「股票」其實約當「現金」，天天都是「結算價」；這好比麻辣鴛鴦鍋一般的概念，你投資的 Pool 就是這麼大，只是把比例多少放置股票，而比例多少放在現金（等於是準備投入的子彈，或兵力。）

原則上，市場一片看好、極度樂觀的時候，股票與現金的比例應該是三比七；而市場一片看壞，極度悲觀的時候，股票與現金的比例應該是七比三。好比中藥的君臣佐使，相互之間的比例才是藥方的醍醐味。

不過大多數人是倒過來這個比例，或者根本一九、九一亂抓一通，自然在市場上很難賺到固定的收入。

市場永遠是那樣，沒有瘋漲，不會暴跌；瘋漲的時候應該要留滿手現金，等暴跌的時候，才有現金可以買入滿手股票。

忽然想到，怎麼樣的情景才算是市場信心崩潰？各路指標很多，都都很有參考價值。而當年先師的教導，是提示要看「有幾家公司跌停板？」如果連續幾天都是幾百家公司瘋狂跌停，那麼代表市場的信心真正崩潰，資金正在「不顧一切」地瘋狂殺出，而此時，當然正是撿便宜的時候。

反之，會不會有「幾百家公司漲停板」的現象出現？老實說以實務上講，不太常見；不過如果天天報紙的頭版都是某某公司的股價，或者連平常不買股票的朋友，也到處打聽明牌，那麼可能離大盤高點不遠。

因為:「當沒有更多的資金投入市場,就是市場開始崩跌的開始。」

說回「結算價」。

當你天天結算,也可以接受你的財產天天數字都不一樣的時候,你才終於可以開始享受「資產」的魅力;有錢人擁有的不是「錢」,而是「資產」,資產的第一項特性就是價格浮動,比如股票,比如黃金,比如房地產。

接受你的股票價值天天浮動,接受你的財產總額天天浮動,你才真正把自己當作「有錢人那樣去思考」,這才是《思考致富》、《有錢人想的和你不一樣》的核心價值觀。

這個觀念,在一開始會有點難以接受,不過相信老衲,當你打從心底能接受這個概念以後,重新炒股,會有完全不一樣的感受。

市場先生的下一步 61

產品、市場，與未來性

上次看到有讀者說，「未來性」是很模糊的東西。的確，不過我們還是可以從「產品」與「市場」這兩個維度來看一家公司的「未來性」。

先了解一下什麼是產品？而什麼又是市場？

以歐洲藝術史來舉例的話，最早的宗教繪畫，就是藝術家們的「產品」；而當時的「市場」，就是各大教會。當時的教會，為了宣教而向藝術家的工作坊訂製大量的宗教繪畫，被稱之為「中世紀藝術」。

再過來一段時間，可能是到了「文藝復興」時期；這段時期雖然還是有大量的宗教畫，不過當時「個人意識」崛起，各路國王與諸侯貴族，開始訂製「個人肖像」畫。於是「產品」慢慢從宗教畫轉至肖像畫，「市場」，也漸漸從教會轉到貴族手上；甚至許多的畫作，都是單純為了裝飾貴族們的宅邸而畫，而逐漸失去原來宗教畫時期的神性。

（此一階段得改變很妙，有歷史學家認為這個轉變是因為『鏡子』，使人類看到了自己；因此提出轉變的關鍵畫作為范艾克 Jan van Eyck 的 The Arnolfini Portrait。）

以上時期，大約都還是「工匠訂製」期，畫作的買方與賣方，有明確的合約去規定要畫些什麼；著名的林布蘭（Rembrandt）「夜巡」（De Nachtwacht），就是阿姆斯特丹（Amsterdam）某巡邏隊向他訂製的作品。

再過來一段時期，老衲以為最關鍵的還是「工業革命」以後，大量的中產階級興起；所以整個「市場」又產生了變化，而因「市場」的變化，「產品」（畫作）也為之改變。

什麼改變呢？簡單來說，就是開始蹭「大眾時事題材」。

印象派，可以牽扯到當時的實證主義（Positivism）；野獸派，可以蹭伯格森（Henri Bergson）的生命哲學；表現主義可以與個人自由意志掛鉤；超現實主義可以與佛洛伊德以降精神分析做連結⋯⋯反正就是什麼題材流行（在中產階級），就用繪畫來做一個呼應。

這點與小說很像，《福爾摩斯》流行的時候，正是歐洲極度崇拜科學與理性的時期；金庸流行的時候，正是華人社會瀰漫大中國主義的時代；而《羊毛記》（Wool）創作的年份，正巧是美國討論末日地堡話題最熱的時候，當時候美國有幾大建商，都在荒郊野嶺蓋了地堡出售，還遭到大眾的質疑，怕未來真的住進去，地堡中的資源分配不均等等問題——而建商以「目前買地堡的都是共和黨員」（意思是仕戶都是保守黨，都很乖、很守規矩），含糊交代過去。

說回藝術史。

工業革命後的藝術「產品」，也從原來的「工匠訂製」模式，轉為「個人接單」模式；因為在工業革命以前，顏料的價格很貴，只有教會與貴族訂購，藝術家的工作坊才能有錢去購買顏料作畫，好比現代工廠，沒有訂單，也不敢胡亂進一堆原物料囤著。

不過在工業革命以後，化學製程導致顏料價格急速下滑，故囤貨成本大幅下降，藝術家們也不需要倚賴訂單才能開工；

比較可以憑自己的意志作畫，畫完再辦個沙龍展，向大眾展示畫作，將畫賣出去。

這就是「產品」與「市場」的變化；當然也有人說，這一時段的變化是來源於「照相機」的發明，導致繪畫的寫實功能不復存在，必須轉變，但這點是老生常談，不贅述。

藝術史再往下走，老衲以為是在二戰之後，隨著電視機、電影的大量製作產出，單純的繪畫已經沒辦法滿足大眾市場，於是所謂的「當代藝術」，便往一個很扭曲、很奇特的方向走去。

此一時期的「藝術」，是專門賣給那些世界上的頂級富豪，或者是大型私募基金、慈善基金，公共場域的；所以「市場」轉變，「產品」製程也必須跟著轉變。

這一時期（當代藝術），變得只需要「圈內評價」，而不再需要「大眾評價」；為什麼？因為那些頂級富豪如果想收藏一件「藝術品」，他不會去問「大眾評價」，而是會去徵詢「（藝術）圈內同行，甚至是專門的藝評人的評價」。

因此當代藝術，就慢慢變成一種圈內人互相吹捧、或者至少是一種離普羅大眾越來越遠的「產品」。

老衲幾年前去巴黎龐畢度中心，看到一幅「畫」；不誇張，就是一幅三聯屏的白色油畫布，完全白色，上頭連一筆都沒有塗上過顏色，可是也正兒八經的在龐畢度裏展出──俺承認，自個一點藝術細胞也沒有，完全看不懂這幅畫，憑什麼在藝術之都的首選藝廊展示。

當然「當代藝術」還有那種在馬桶上簽一個名，或者是在牆上貼一只香蕉，就能展出的；相比之下，三聯屏的白色油畫布，還算客氣，也還算是費工了。

這就是「產品」與「市場」的關係。原則上來說，市場改變，產品必須改變；看一家公司的產品，要看市場規模大小與有無改變，而不只是單看產品本身──這個心法，再另一篇文章講解過原因，不贅述。

　　看得懂產品與市場的關係，看得懂市場的規模轉變，就能看得懂「未來性」；股票買的是未來，對於產品與市場不能不知道。

　　最後忽然想到，有本書叫做《慕容前輩的水路拳法》，講的就是拳法這項「產品」與當時格鬥場景（市場）之間的關係，神作，有興趣的朋友必定不可錯過呵。

市場先生的下一步 62
已知事實對股票漲跌不構成影響

先師常說:「股票的漲跌取決於『未知』,而非『已知』。」

也就是說,「已知事實」對股票不構成影響。

舉個例子:記得 2015 年下半年時,股市風聲鶴唳,因認為國民黨於 2016 年選舉必敗,而一旦交出政權,必然會導致兩岸關係惡化,企業環境難上加難;所以很多人縮手開始不炒股票,思考著要靜待 2016 年初選舉,塵埃落定再下場。

老衲當時就說:如果「國民黨必敗」,這是一個公眾普遍認知的事實,那麼就對股市不會造成影響,很簡單的原理:認為國民黨交出政權,企業經濟環境會不好,所以應該賣出股票的人,現在就已經賣光了;因為一件變因(事件),如果大家都認知它會必然發生,那麼該做反應的人,勢必已經提前做好反應。

也就是說,會認為「因為國民黨交出政權而股市下跌」的那群人,現在已經被洗出股市,接下來就只有兩種可能:一,國民黨如大家所願真的輸掉 2016 年的選舉,但股市沒影響,因為該賣的、會賣的,早就賣光。二,國民黨沒輸,那麼原來賣股票的人,反而會成為最大力度的回補購買潮。

當然還有第三種可能:那就是民進黨重返執政,但是經濟操作得很好,股市蹭蹭直上——後來 2016 年的股市,到底發

生什麼事,大家可以自行拉線圖思考。

這就是老衲常常說的:「未來大家都看壞,那麼其實形勢一片大好;如果未來大家都看好,那麼或許再往前一步就是萬丈深淵。」已知,不影響漲跌,因為已經反應;未知的東西,才是決定性的變因。

打架也是這樣。對於對方的已知,比如肌肉壯實、拳腳生風等等,一下子就能看出來的東西,其實不會對己方構成太大威脅;真正應該害怕的,應該是藏著、留著、腋著,隱著不發的那一手。

會打架的人,最厲害的就是能引出對手的「那一手」,等於是讓自己先立於不敗之地;這其中的智慧,值得深思。

這當然是兵法,也是打架之道、炒股之道。

市場先生的下一步 63

炒股是一個想像力的鍛鍊

　　倪匡大師曾經說過：寫小說，靠的是想像力。

　　愛因斯坦也說過：想像力比知識重要，他的《相對論》，靠著想像力完成的部分比靠知識的多。

　　「乾坤大挪移」的作者也是，其第七層的功法，完全是想像出來的。

　　印象中，年輕時讀過某拳擊雜誌對某老教練的專訪，那位老教練在稱讚館中拳手時，也是說：某某想像力好，有前途。

　　投機大師科斯托蘭尼說：寧願花九成的時間待在房間裏思考，也不要花九成的時間到處蒐集資料——他在思考甚麼？俺以為也是某種程度的「想像」。

　　炒股其實最重想像；先師常說：「想想不花錢，想想未來世界的重點，明年市場的重心，想想：這張股票這家公司，明年、後年、大後年……會有甚麼劇本去走？」

　　想像一套劇本，讓標的的股票去走。股價依著劇本演出，那便緊抱；如果不照劇本演出，那便無情殺出。

　　忽然想到，遠古的男人在環境中沒有任何porn film，只能單靠想像肆意揮發，其想像力的勁道，應該是遠勝現代男人的吧？

　　用進廢退，聯想浮翩，不能再說下去了！

市場先生的下一步 64
從乘數效果看新青安貸款的好壞

經濟學中有一個理論,叫做「乘數效果」Multiplier Effect;從乘數效果來看,就可以明白新青安貸款政策的優點與缺點。

乘數效果是甚麼呢?

簡單來說,就是:

一,甲先生存了 100 元進入銀行。
二,銀行扣下 50 元,將其他的 50 元貸款給乙資本家,
三,而乙資本家又扣下了 25 元,將剩下的 25 元找丙廠商蓋工廠。

此時,原來社會上只有甲先生的 100 元,變成了甲先生有 100 元在銀行,乙資本家有 50 元(因為工程還沒付款),而丙廠商手上也有 25 元(應收帳款)。

整個社會從原來的 100 元,變成擁有 175 元。

而如果當初,銀行只扣下 10 元,將剩餘 90 元都貸款出去,會怎麼樣呢?會變成:

1,甲先生存了 100 元進入銀行。
2,銀行扣下 10 元,將其他的 90 元貸款給乙資本家,

3，而乙資本家又扣下了9元，將剩下的81元找丙廠商蓋工廠。

通過「乘數效果」，整個社會從原來甲先生擁有的100元，因為「乘數」（或者可以想做是保留的『成數』）的比例不一樣，所以變成不只175元，而擴大到有271元。

這個就是「乘數效果」的威力。

很多政府部門實施的政策，來源，都是依據這個乘數效果。

比如新冠疫情期間美國發的紓困補助金，或者是台灣幾次發行過的振興券、消費券等等，都是希望透過小金額去撬動整個社會的經濟，達到振興重啟經濟的效果。

不過光用想的，是可以想得很美；實際的狀況，恐怕還是得考慮到「商品數量」。

簡單來說就是：當發錢以後，社會上流通的錢變多了；可是如果商品的數量沒變，那麼只會造成一個後果：就是商品漲價。

打個比方：社會上本來有100元，去買5支酒，那麼一支酒應該是20元；如果通過乘數效果，社會上出現500元，那麼一支酒的價格，就會漲到100元了。

理解以上，再回過頭來看新青安貸款政策，就能洞若觀火。

無論新青安細節如何，但就是從銀行搬出更多的錢，讓青年朋友能購買房子；可是在商品（房屋）供給均量沒有大幅提升的狀況下，社會上「錢」變多，肯定帶動的是商品「漲價」。

所以，稍微有一點「經濟學」概念的人，都會知道新青安的結果，就是會造成房價飛漲；當然，現在政府緊急推出「限

貸令」，算是亡羊補牢。

不過，因為台灣的房屋並不完全是一個投資商品，而是一個保值商品；台灣大量的有錢人不是存錢，而是儲房，或者是養地，所以若是沒有大量資金需求與缺口，很難將這些人手上的商品（房屋）給打出來。

沒有拋售，就不可能有崩跌；除非台灣這塊島嶼整體的氣運向下走，如日本泡沫、或者是美國鐵鏽帶一般，否則房價要往下走，真的很難很難。

至於很多人說的五年以後寬限期到期，會不會引發恐慌拋售？可以去查查這半年多靠著新青安貸款買房的件數，與整體台灣房屋件數的比例，就知道如果有人拋售 0.1% 的股票，會不會影響到剩下 99.9% 的股票價格。

其實老衲一直覺得，台灣房屋問題，是建商的品質問題；如漏水、噪音，防震等工程問題，才是真正的議題。房價本來就是供需市場問題，只要有干預，通常會越搞越差，越控制越畸形。

最後回頭說一說這個新青安貸款政策，到底是不是一個好政策？老衲以為：是的，它絕對是一個好政策。

換位思考，如果你、我是政府高層，或者是「黨」高層，這個政策一方面可以繼續討好建商，繼續收財團的政治獻金；另一方面又可以讓不懂經濟學，不懂乘數效果，沒看過《市場先生的下一步》的年輕人去投票給黨──雙贏局面，這當然是一個好政策。

這個社會不會因為你有意見、你哀號、你覺得不公，而有任何改變；正如同所有政黨都不會因為曾經制定出傷害賤民利益的政策，而有任何抱歉。

這個社會唯有上層政治集團的利益，與底層賤民的利益，方向一致，才能有對於賤民立意善良的政策；除此之外，無論換了哪一個政黨上來，都不可能給底層賤民有好果子吃。

　　上回看到一個經濟學教授信心十足地說：「台灣人民不是賤民，也不是草民，而是公民。」

　　──真為他理直氣壯的天真，感到啼笑皆非。

　　當初政府規劃、推出新青安貸款的時候（約在2023/08），老衲有個朋友，拉滿槓桿押身家在皇昌營造2543，彼時皇昌不過十一、二元左右；寫此文的時刻（2024/08），皇昌已在七十餘元上下盤桓。

　　這才是投資人的邏輯，遇到任何狀況，不抱怨不責怪，想好投資機會，重押一筆大賺一筆；老衲自嘆不如，投資路上，要學習的事還很多。

　　閒筆紀錄在此，砥礪自個兒，好好「換個腦袋」去思考。

市場先生的下一步 65
賺大錢的方法

先說明：這篇說的是賺「大」錢，不是賺「小」錢；舉凡啥一天少喝一杯咖啡、下班多做一條手工項鍊等等賺小錢的辦法，一概不論，只論「大」錢。

當然，「大」錢對每個人的價值觀而言，額度不一；老衲以為，能夠將你帶離原來的社會階層的，就已算「大」錢——而不需討論確切的絕對額度。

大錢怎麼賺呢？猶太股神科斯托蘭尼說過，要賺大錢，只有三個辦法：一是好的商業點子，二是結婚，三是投機；接下來分別討論。

先討論商業點子；甚麼好的商業點子呢？就是能服務，與填滿夠多人的需求，那就是好的商業點子。

比如台積電的晶片，它填滿了許多電腦與手機的需求，而電腦與手機，又填滿了許多人的工具需求；所以製造晶片，就是一個好的商業點子。

又比如周杰倫的歌曲，她填滿了許多人的情感，娛樂需求；所以也算是一個好的商業點子。

很多人在發想商業點子的時候，只想要怎麼推銷自己的產品與服務賺別人的錢，卻沒想到要換位思考：大眾究竟有甚麼樣了的需求，需要被填滿？這才是商業點子、商業模式的邏輯。

說完商業點子,再說結婚。

結婚當然對於賺大錢與翻身都很重要,就不贅述,只說幾件趣聞。

前幾年,在某東方神秘國度高官富豪群中,迷信「性交轉運」的大法;據說紅頂商人蕭某華,為了逃避被中央高層制裁的厄運,躲在港城某酒店,叫手下「一天一個處」送進來,足足進行了一年。

到底這個「大法」效果如何,不得而知。不過這個故事,後來被北京大作家劉震雲老師寫進《吃瓜時代的兒女們》一書中;老衲看後拍案叫絕,對震雲老師的文筆與創意,佩服得那是五體投地。

性交能不能轉運呢?當然是能的。別的不說,婚姻就是一種性交轉運。有的女人剋夫,誰上誰死;也有的女人旺夫,跟誰誰發。這些不是將女性物化,而是紅塵滾滾中的客觀觀察。

忽然想到老衲二十歲去國外闖盪,私下幹了幾件大事;三十歲回到台灣時,身無長物,只是多了幾本外國護照。

其時困頓,暫時寄居在朋友家中,不過連住幾週,再好的朋友也禁不住臉上要微微變色;老衲只好天天出去泡迪斯可夜總會,連泡幾日,交上一個小女友,願意跟老衲分攤房租,才從朋友家中搬離。

記得那時住的套房潮濕無比,甚麼洗衣機放在馬桶旁就不必講了;連小女友帶來的各式高跟鞋,才不過一個月,便已內外發綠黴,嚇得她全數扔掉,不敢再從家中拿鞋過來。

那時老衲人過三十,可一天正職工作也沒做過,通通都是臨時工與約聘經驗,又有哪個老闆敢用俺?常常感嘆:台北天空雖大,可是底下不要說屋子,就連一份工作,也不屬於俺。

當時去鵰老師家閒聊練功,鵰師道:「老衲,你這人除了長得帥、胡說八道與一身武功;其他的,連半點謀生本領也沒有。我給你一個建議,你要好好聽著。」

「老師請說。」

「你啊,最好出國再去北京、或者是紐約混混,打甚麼工不重要,重要的是去私下鬼混,認識一些共產黨高官的獨生女,好好用你的護照『勾』她們。她們其中有想要出國、想要合法定居國外的,自會上鉤;而你,後半輩子也可以繼續胡說八道與看看書、練練武功——何樂不為?」

鵰師這人很實際,講的方法非常正確,老衲當時的確是完全找不到工作,前途一片茫茫;鵰師說的,的確也是按照俺自身優勢與劣勢下的最佳戰略:想翻身,想賺「大」錢,除了靠「結婚」,還真的別無辦法。

鵰師叮了很多次,老衲始終唯唯諾諾,最後還是回了老師那句《白馬嘯西風》中的名言:「那些都是很好很好的,可是我偏偏不喜歡。」

後來還是看到科斯托蘭尼的著作,他老人家說:「沒有商業點子、沒有結婚,但是你也想要賺大錢的話——只有『投機』一途!」老衲那時看到,如同黑暗中的一盞明燈,或者是溺斃前的一件救生圈,從此開始潛心研究「投機」,當然科老說的投機,正是投資股票的意思。

數十年過去,總算認為自己有一點小小心得,寫出來當初的起點與大家分享。

「有錢的人可以投機,錢少的人不可以投機,根本沒錢的人必須投機!」數十年過去,還是覺得科老的話如雷貫耳,發聾振聵,重要的話說三遍,要記住。

市場先生的下一步 66
賣的東西不一樣

先前說過，買股票就是要看未來，而看未來就是要看市場大小，也就是產業的發展；而選好產業以後，當然就是要進入到實際的選股，也就是選公司的階段。

選公司最重要的就是「知道在同一產業中，不同的公司賣的東西差別在哪？」

比如說 1980 年代末期，巴菲特觀察到美國、或者說全世界的中產階級消費能力大增，所以決定要投一筆錢在飲料市場；彼時美國市場上最火紅的飲料就是「可口可樂」與「百事可樂」，不過後者走的是蘇聯市場，前者綁定的是美國的愛國主義，巴氏取「可口可樂」而棄「百事可樂」，並說出了那句「Never bet against America！」的政治站隊表態。

1980 年代，可口可樂與百事可樂賣的糖水是一樣的，但裏頭的含量是不一樣的；一個裝著美國軍方的宣慰情懷（二戰時期可口可樂即與美國軍方深度合作，提供便宜好喝的提神爽口飲料給前線美軍），另一個走的是蘇聯老大哥在東歐的荒蠻市場。

賣的東西一樣，但其實又不太一樣；了解這點，是選定產業內「何種公司該投？」最重要的元素。

比如說 Apple 的 MacBook 與其他家的 Notebook、比如說 Nespresso 與 DeLonghi、比如說 Chanel 與 Dior、Cartier 與 Tiffany、Nvidia與AMD……聯想下去簡直可以無窮無盡。

又比如說：布萊德彼特（Brad Pitt）與九把刀都劈腿，不過前者聲勢不墜，後者緩步下滑；因為兩個人賣的東西不一樣，一個賣演技，一個賣純情，自然後市有別。

再比如說：美國總統在白宮裏叫女工讀生以嘴洗鳥，偉大領袖在皇宮中讓革命女將用屄洗鳥（典故出自李志綏醫師著作），可是兩個人的大眾評價不一樣；因為一個人賣的是「治」國能力，另一個人賣的是「制」國能力──賣的東西真就不一樣。

武術圈也是如此。很多老師賣的是古籍老照片江湖傳說的情懷，也很多教練賣的是戴上拳套打沙包邦邦邦能打；賣的東西不一樣。

又想到：在世界歷史上無分國界，無分地域、無分文化，絕大多數的地方都是雞多鴨少，曾經以為這是一種奇怪的現象；最近終於想通，因為賣的東西不一樣：一個賣的是性，另一個賣的是情感。

最後忽然想到：在台灣的民主選舉上，一個三級貧戶拿到錢就買珠寶，另一個高智商醫師拿到錢就買豪宅──嗯，這些人賣給我們的東西，到底一樣？還是不一樣？

實在想不明白，但總是希望，有人能夠想明白。

市場先生的下一步 67
股份公司與合夥人企業

　　米可斯維特（John Micklethwait）與伍爾得禮奇（Adrian Wooldridge）兩人曾合寫過一本很有名的書，叫做《公司的歷史》（The Company：A Short History of a Revolutionary Idea），詳述了千年以來的公司發展史，非常有趣，對於商業歷史有興趣的朋友一定要找來看看。

　　不過裏頭有幾點意見，老衲並不同意；其中一點，就是作者說：「中國與伊斯蘭世界沒有『公司』，因此落後『西方』（歐洲）。」

　　伊斯蘭世界沒有久住過，不了解；不過中國歷史上當然是有公司的，比如日進斗金的鹽幫，比如大海盜鄭成功的海上貿易連鎖企業，又比如說市舶司，或者是漢代張騫出使西域時，見到的身毒蜀人集團。

　　遠的不說，西毒歐陽鋒與其姪歐陽克的行徑，就很像是走私女奴的人口販子；東邪黃藥師在原作初版中幹的是搶海盜的獨腳大盜的事業；北丐洪七公領導的丐幫，到底為什麼要糾集這麼一大幫子「無產階級」在一起？是想做詐騙訛敲？還是革命反動？實在不好說。

　　又忽然想到：某東方大國的皇權制度，其實就是「股份有限公司」，皇族是董事會，皇帝是董事長，宰相是專業經理人，一到九品官員自是公司的協理、經理、副理等等長官。

後來皇權制度被推翻，東方大國開始了共和國體制，不過表面雖是共和，骨子裏卻是「合夥人制度」；創國元老都是「合夥人」，彼此權力雖有消長起伏，可只要最終沒踩底線，誰也幹不死誰，還是佔著一塊分紅可領。

　　合夥人制的政體，沒有董事會一說，任何人只要加入「組織」，表現良好，便可被提拔到「合夥人」的階層，正如同當年巴菲特被葛拉漢提拔為合夥人，可以「接班」，也可以分一杯羹。

　　不過這種政體，最大的弊病就是當公司營運不佳，盈餘不能屢創新高，而合夥人人數又越來越多時，自然產生「僧多粥少」的拐點；此刻，身為最高的領導者大砍合夥人，削減開支，存糧過冬，也只是歷史的必然性。

　　先前看到經濟學家吳某胡說八道，說人家只有一眾創辦人是股東，其他的都是大小伙計，還說什麼股東會上少東與大小伙計爭權奪利云云；實在是覺得此人真同李毅、金燦榮、胡錫進是一路貨色，專門欺騙台灣無知民眾。

　　別人不說，光說人家大掌櫃諸長沙，加入公司時公司早已創立完成，可是諸大掌櫃不但當年手握半邊天，傳到二代，諸公子依舊客似雲來，讓外國企業拜訪時，得先過他金融這一關──可見諸家早已被升為合夥人的資格，有莫人決策權與話語權，可以影響公司走向。

　　連人家的組織型態都搞不清楚，還一天到晚預知、預測人家要倒閉，睜眼說瞎話，不是與金燦榮一天到晚說美國要崩潰、李毅一天到晚要號召全世界八十億人一起埋葬北約差不多？「經濟學家」吳某就只差沒吐出那句：「住在台灣，你就偷著樂吧。」

忘記是誰說的,「雞蛋與石頭之間,我永遠站在雞蛋那邊。」一個學者,一個獨立思考的人,天天幫著政府說話而不敢批評一句,只是一片讚好,一味跪舔,這等學者,這等經濟學家,也只有可恥二字而已。

上回看到有讀者說「老衲你不能罵經濟學家」。俺心想怪了,民主社會,有屁就放,只要說得公允,有何不可批評之事?

偉大領袖說:老虎的屁股摸不得?偏要摸!老衲說:經濟學家罵不得?俺偏偏要罵。

市場先生的下一步 68 ──────

葛拉漢的價值投資法在當代的思考

　　幾乎絕大多數的投資者，起手式學的都是自葛拉漢 Benjamin Graham 發明，而被巴菲特發揚光大的「價值投資」；不過這套方法在當代是否適用？值得思考。

　　價值投資最好的案例，當然是那個北方油管 North Pipeline 的案例；當年葛拉漢發現北方油管這家石油輸送公司的股票價格只有 65 元，可是公司除了油管資產外，手上還握著價值 95 元的鐵路債券，因而葛氏大量收購北方油管股票，最後在股東會上聯合其他小股東，說服董事會將鐵路債券全數賣掉，一股退了 110 元現金給股東。

　　在這個案例中，我們很容易可以發現價值投資的精髓在於：當一個「偵探」，從公司的財務報表中發現那些「別人還沒有發現」的「價值」，大量低價買進，等公司將這些價值反應出來，投資人便可以收到豐碩回報。

　　不過這個方法若要應用在當代，需要再思考一下是否能成為通例；因為在葛拉漢的時代（約在 1950 年代以前），「個人電腦」與「網路」這兩個殺手級的科技應用均未發生，投資市場屬於資訊相對不透明，也相對傳播並不迅速的時代；而當代，除了個人電腦與網路普及之外，現還有「AI」人工智能的輔助，是否還能夠在「已知資訊」中發現「別人還沒發現的價值」？難度不可同日而語。

說到葛拉漢，忍不住再提兩嘴。葛氏原來是個老猶太家庭出身的虔誠害羞孩子，年輕時深以「壞習慣」（即是自慰）為恥，成年後風流倜儻，前後結識過三任妻子，可是外遇不斷，有他公司的合夥人回憶錄中含蓄影射，他在婚姻關係仍存續的時間點，依舊在外頭一口氣交了六個情婦，而且小情婦們還彼此認識，非常陶醉於聽葛氏談論股市。

巴菲特年輕時崇拜葛氏，大學甫畢業就想進入葛氏公司，葛氏以「華爾街現在歧視猶太人，所以我的公司只錄取猶太人」為理由，拒絕了巴菲特；不過巴菲特並不氣餒，回鄉工作幾年，打出成績以後，最終還是讓葛氏接受了他。

1950年代，美國的上流社會中仍然非常歧視猶太人，猶太人與美國正白旗老白人之間，雖然不能說是水火不容，可能也算是形同陌路；不過巴菲特並沒有因為這些意識形態或種族問題，而放棄學習的機會，多年以後在回憶錄、訪談中，也絲毫沒有透露出任何對於這個分歧的不滿。

想到台灣當今仍有許多傳武教練，還在私下抱怨與咒罵當年中國大陸來台的老武術家，認為他們有「省籍情結」，有「本省、外省」的歧見；真是感慨到同為人類，心胸格局卻可以差別到天地與螻蟻之遠。

葛氏最後在1956年將巴菲特升為公司的合夥人，並暗示他可以做為葛氏的接班人；不過蛟龍豈甘於淺灘，巴菲特年僅26歲，便已決定「退休」（巴老自己的用詞），回到奧瑪哈，做他自己喜歡的事。

最後忽然想到老衲去年生了一場大病，堪比令狐沖功力全失，因而無心賺錢，只聽朋友報牌，而小買了兩檔「價值」股，說這兩家公司都即將要做「資產活化」，因此就像是當年

北方油管手中的鐵路債券一般,很有賺頭。

這兩檔股票分別是國產 2504 與高林 2906,不過國產到今年(2024)已翻了一倍,而高林卻仍是默然不動;自個病癒,覆盤思考,這兩檔雖是「價值投資」,可國產漲得這麼快,還是佔了產業復甦與大勢的利多,而不真完全是「價值投資」所帶來的利益。

(水泥相關,預拌混凝土等是原物料中較為奇特的一個族群,比較不受國際原物料價格走勢影響,蓋因無法遠程運輸。)

價值投資在當代,真能完全復刻當年讓巴菲特在 26 歲就退休的奇蹟嗎?一點思考記錄在此處,與大家分享。

市場先生的下一步 69

要相信自己：能讓獲利奔跑

　　初學投資的人常常會有一個謬誤：下跌的時候可以忍耐很久不賣出；可是上漲的時候卻忍不了多久，只要漲高一點點，就立刻將手上的股票賣光。

　　這種心情，稱之為「不相信自己能夠賺大錢」。

　　在潛意識中，這種人可能只相信自己會虧錢，不會賺錢；不然不能解釋為什麼跌了50%卻不賣股；漲了5%卻馬上把股票出清。

　　當然，這或許要搭配一個指南針式的靶心來操作：

　　比如價值股總會有一個預估值（或許是資產活化重新估算的數字），那麼就可以等待接近此值時再賣出。又或者是成長股總會有一個最高當年度EPS的預測曲線，那麼就可以在前一年賣出（通常股價會在EPS見高點的前一年先見高點）。

　　以上都是投資的正論，而深一層的思考是：

　　買股票，要買那種「沒人要」的股票；從根源處，就能避免大跌的可能性。

　　賣股票，要留一點慈悲心。大眾越想要的股票，越要捨得施捨給大眾；如果大眾還不那麼想要你手上的股票，那麼就「動心忍性」，等大眾、新聞、媒體都一片唱好，瘋狂搶購時，再賣。

　　分享一個很多意外賺到大錢的人都有的共同經驗：

當你原來的格局只能掌握「幾十萬」元,但你卻意外賺到「幾百萬」元的時候,通常很快,一兩年間你就會被打回「幾十萬」元規模;這很玄,不過很真實,很多對於樂透中獎者後續的報導都會發現此一規律。

　　這也能解釋:許多人下跌時可以忍受 50% 的損失,可是上漲時卻一達到 5% 的利潤就達到出場滿足點;最根本的原因就是受限於他對於金錢的「格局」。

　　要相信自己能讓獲利奔跑,從重新改變對於金錢的想法與思路開始;當然,最快的方法,就是多看幾遍《市場先生的下一步》,哈哈!

市場先生的下一步 70

對手是誰？

有一網路金句,叫「看一個人的身價,得看他的對手」,實在很有道理。

看身價,得看「對手」,不是看「朋友」;比如高鐵董事長殷琪,與前總統府發言人Kolas Yotaka,都很喜歡與貼身保鑣交朋友,不過她們的身價,都遠遠超過她們的朋友。

在對公司做基本面分析的時候,最重要的事情也該是:「看這家公司的對手是誰?」

如果沒有對手,那可能是獨占產業;如果對手很少,那或許是寡占市場;又當然如果一下子冒出一大群對手,那十之八九可能會被圍毆,要小心。

舉個最近(2024/09)市場上討論熱度很高的話題:台塑四寶到底要跌到哪裏?其實台塑集團要跌到哪裏,不是他們自己決定,而是由對岸開出的新產能對手決定。

另外,台塑集團內部的管理問題,這就不好多講;只能說安逸的環境久了,自然會養出官僚氣質文化的土壤。

做產業分析、公司體質分析,股票的未來現金流分析……其實最重要的不是分析這家公司自己寫出來的財報,而是要去看「對手的財報」,那才重要。

你的對手定義了你的身價,在公司法人上,也說得通。

身價看對手,而品格則看朋友,一個人的人品如何,端看

他的朋友便可得知;一直不是很喜歡令狐冲,原因之一,就是他與採花賊田伯光是好朋友。

採花賊——在現代就是強姦犯、迷姦犯,現代武術圈也有許多人有這方面的癖好,只差已定罪、或罪證不足未定罪而已,照樣風風光光朋友一大幫,現代令狐冲,真的很多。

有時還是頗高興武術圈的朋友罵俺是說書人,根本不懂武功,實是幸哉;若真要把老衲算做是他們那夥的,俺羞也羞死也。

市場先生的下一步 71

不要想著「長期」投資

《蘇黎世投機定律》（The Zurich Axioms）中說的最好的一條定律，就是「避開長期投資」，這也是許多自命穩健投資人，最容易跳進去的陷阱。

真正的投機大師，從來不玩甚麼「長期投資」，最多都是三、五年即可見到報酬，經濟學家中最會投資的凱因斯說過：「以長期來看，我們都死了。」

回想看看你存的儲蓄險，或者報的那幾百堂英文補習課，真的有幾個人是能堅持下來，並且回報率為正？大多二、三十年的儲蓄險存下來，獲利已被通膨吃掉；而幾百堂的英文補習課報名下來，可能還不如你多去三趟英國旅遊，學的英文還多些。

當然巴菲特說過：「最好的持股時間是一輩子。」──不過因為巴氏的獲利模式，其實是「募款」遠大於「投資」，所以很難講他這句話是不是說給他的股東聽的。

巴氏的潛意識中是個蒐集狂，從小時候開始蒐集稀缺瓶蓋開始，到長大以後向親朋好友、直至大眾募款後讓他去蒐集「好公司的股票」，是有一個他一以貫之的潛意識動力。

有近距離觀察巴氏的人說，巴氏甚麼都愛蒐集，從瓶蓋到剪報到冷知識（他可以一口氣背出世界上所有人口數超過一百萬的城市名）再到股票，唯一不好蒐集的大概只有女人──這

點與倪匡很不一樣。

倪匡也是史上有名的蒐集狂，從貝殼蒐集到淡鹹水魚到奇花異卉，還有段時間專門蒐集女人，真不愧是古靈精怪的衛斯理。

扯遠了。

巴氏很偉大，不過說的場面話未必適合散戶；當然如果你有巴氏那般募款集資的能力，按他說的做準沒錯。

一般散戶想發財，還是制定一個三、五年的劇本，投資金買股票然後隨時審視，如果該公司不按此劇本走，即可思考是否果斷賣出，千萬不可用「長期投資」麻痺自己。

時間就是金錢，「長期投資」損失了時間，意即損失了金錢，一個好的投資人可要認真避開這頭灰犀牛。

市場先生的下一步 72
跟著政治走

猶太股神科斯托蘭尼曾說過一件投機：當他在 1989 年，看到蘇聯總書記戈巴契夫（Gorbachov）與美國總統雷根（Ronald Wilson Reagan）開始進行多次高峰會談時，科老立刻打電話找人大量蒐購 1822 年至 1910 年，俄羅斯沙皇時期在法國發行的舊債券。

該批沙皇時代債券，在 1917 年列寧宣布成立蘇聯政府後，一併宣布「不承擔」沙皇政府發行的舊債，所以債券價格迅速崩盤，跌到原來票面價格的百分之一以下。

科老的思路是這樣的，蘇聯總書記與美國總統會談，代表兩大強國關係即將回暖，那麼做為蘇聯領導人，為了發展國家，肯定會想發行新的公債；在此之際，國際上一定會施壓，要求俄羅斯人先償還舊時代的債券做為交換條件。

果不其然，在 1991 年戈巴契夫與法國總統密特朗 Mitterrand 於巴黎會談時，正式承認這批債券，俄羅斯政府並於 1996 年簽署條約，償還這批沙皇債券百分之六十的票面價格；當然與之相對應的條件，是俄羅斯能在歐洲債券市場上發行約二十億美金的鉅額公債，來重振國家。

也就是說，從 1989 年到 1996 年，沙皇債券從不到百分之一的票面價格，漲回原票面價格的六成，科老賺了整整六十倍。

類似這樣的事件，在投機史上還有很多。比如日本股神是川銀藏發現英、美、蘇等大國的預算中有蹊蹺（蘇聯撥款大量預算開發西伯利亞鐵路，英美造船廠接獲大量戰艦訂單），故判定日本將有一戰；隨即拿出大量資金成立礦業公司，努力提升日本的銅鐵礦產量。

　　經濟學，在古典時代被稱作「政治經濟學」，也就是說政治與經濟是分不開的；股市的背景音樂也是如此，政治是主旋律，經濟是樂章。2000年中國加入WTO，中概股紅了好一陣子；2008年金融海嘯美國大放水，而後資產相關標的也紅了好一陣子（記得當年還有經濟高手說是『無基之彈』、要有『空手的勇氣』云云，孰不知越彈越高，你越空手，別人越賺得盆滿缽滿。）──都是屬於政治帶著經濟走的範例。

　　做股票投資，一定要先摸清政治主旋律，從大國政策再到小國（本國）發展方向；跟著政治走，投資才有「天時」般的助力。

市場先生的下一步 73

無非就是產品與服務

　　仔細思考一家公司，就知道它賣的東西無非是「產品」與「服務」。

　　比如 Google 賣的就是服務，而 Apple 賣的是產品；又比如說酒店賣的是服務，而情趣用品店賣的是產品。當然絕大公司可能是混合體，如電信公司賣網路頻寬之餘也賣手機，又比如電動車賣車也賣自動駕駛的服務。

　　老衲以前寫過好幾套劇本賣電視台，那時常聽老編劇講一句話：「可以用『一句話』說明的劇本，才是好劇本。」投資公司似乎也是如此，能用「一句話」說明其產品與服務的公司，才是好公司。

　　人類的大腦資源很有限，越雜亂的資訊本能地就越抗拒理解；所以越能用「一句話」說明的公司，大眾越容易砸錢進去買它的股票。台積電賣晶片與 Nvidia 賣 GPU 都是這樣，很簡單地能用一句話說明；讓大眾（自以為）聽懂了，所以「買就對了」。

　　買股票前先想想：「是否能用一句話說明你要買的公司？」

市場先生的下一步 74

人礦是資產的話，貨幣就是股票

老衲常說，漢語是最變幻莫測的精湛語言，其生命力萬萬不是那些拼音文字可以望其項背。比如前幾年的一個絕妙好辭「人礦」，就是漢語的經典之作；如果翻譯成蠻子英語，或許可以翻譯成「human resource」？可是那又哪有漢語「人礦」二字的鏗鏘有力，擲地有聲。

又或者可以反過來想：所謂的「human resource」，實在不該翻譯成「人力資源」，而應該直譯成「人礦」才對；人進公司，就是公司的礦，隨公司喜好隨意挖掘開採，等耗乾你這礦（這肝），公司便棄之一旁，繼續搜尋下一座礦。

再忽然想到：如果國家是一門生意，一家公司，那麼「人礦」應該放在資產負債表的左方，作為資產列表計算；而右邊呢？右上當然是國家發行的公債，右下則應該是貨幣，而貨幣理應就是股東權益，或者可想作是這家公司的股票。

按著這思路想，便可明白美債與美元的依存關係；所以美元利率高了，就會影響美債的殖利率，也就是說美國發債的成本也會提高，所以儘管美元在外頭仍然過多，美國還是急著降息，急著降息不是因為美元利率真的太高，而是因為再不降息，未來美債發出去的債息怕美國政府償還不出。

也可以明白，美元這玩意就好比是美國的股票，為什麼QE下去美元仍不通膨？因為美國這家公司的股票是全世界發

行,可以將通膨槓桿到全世界,因而美元與美債互相保護,最怕的是股債雙殺,沒人買美債也沒人用美元,那才是美國政府的惡夢。

再想深一層,美元作為美國這家公司的股票,你只要持有,就是對美國這家公司有信心;而一張股票背後的保證力是什麼?是公司的資產。而美國的貨幣脫離金本位制後,保證力是什麼?是美國人礦嗎?是中東石油與美國本土的頁岩油嗎?還是美軍天下無敵的武力,所衍伸出來對全球長臂管轄的威懾力?

美國雖然有孤立主義的歷史傳統,可那是在美金仍在金本位時,有黃金擔保下的國家(公司)政策;現如今美金背後無黃金,它要憑什麼讓全世界都買它的單?又或者說:美國這家公司,到底向全世界人賣的是什麼產品、或者是服務?

美國人礦的聰明才智:Netflix、YouTube、Facebook、Tesla⋯⋯背後如果沒有機槍指著你,你還會買單使用嗎?或許會,但看看歐洲市場對這些美國公司的反抗⋯⋯

值得想想。

市場先生的下一步 75

諸葛亮為何先打孟獲？

諸葛亮的《出師表》中有一段話：

「先帝深慮漢、賊不兩立，王業不偏安，故託臣以討賊也……臣受命之日，寢不安席，食不甘味。思惟北征。宜先入南。故五月渡瀘，深入不毛！」

這段話的大意是說：

一，先帝（劉備）遺命，漢（蜀漢）賊（曹魏）不兩立，囑咐諸葛亮要記得「北征」。

二，諸葛亮自己琢磨：想（思惟）「北征」，要先「入南」，於是「五月渡瀘，深入不毛」──這即是《三國演義》中七擒七縱孟獲，火燒藤甲兵的大戰役。

這一段邏輯中，有一個小小貓膩：「為什麼北征曹魏之前，要先打南方的孟獲？」老衲當年讀《三國演義》、《三國志》諸書，遍尋不得答案，更何況諸葛丞相說過：「火燒藤甲兵實在太殘忍，自己要折十年陽壽。」

也就是說：諸葛亮不惜折十年陽壽，也要打下孟獲（途中遇滇西瘴氣，還得發明諸葛行軍散），再回軍打先帝劉備念念不忘的曹魏政權──可是為的到底是什麼？

為啥不能不理孟獲，直攻曹魏？

中國的傳統書訓就是這樣，藏招，真正的帝王術與兵法精華藏在書中不告訴你，諸葛打孟獲這麼有名的戰役，無數小說

歷史傳抄再傳抄，可是最關鍵的「動機」，就是不說。

老衲後來讀了很多經濟學以後，才忽然領悟這其中的奧妙；諸葛武侯打孟獲，要的不是孟獲，也不是為了祝融夫人，而是南方的銅礦。

諸葛領軍入蜀前，只是游擊軍，沒有自己的根據地，抽不上稅，得靠給各地軍閥打工賺點零花；等到強佔荊州，張松獻圖，法正倒戈領軍入蜀以後，才算有自己的根據地；馬上奪天下，終於可以下馬治天下。

可是入蜀以後，諸葛亮發現一件大事，那就是蜀中之人的經濟發展不好，貨幣數量不足，所以只能「以物易物」，要知道以物易物是經濟最原始的狀態，怎麼有辦法抽足稅支撐蜀軍大舉北伐？

按照貨幣學最基礎的原理：經濟等於市場的總貨幣量，乘上貨幣交換的速度。也就是說貨幣量不足的話，貨幣交換速度也會慢，此時最好的辦法就是增加貨幣，讓民眾手上有錢，可以快速將各種資源以一個統一的價格單位做換算，將貿易活動搞興盛。

古代貨幣多以銅為原料，而蜀中並不產銅，荊州也無銅礦，當時蜀軍力所能及的銅礦資源，即是南方孟獲掌管的南中一帶──所以諸葛亮北伐曹魏前，必得先打南中孟獲，以獲得銅礦資源，鑄幣做錢，讓蜀中經濟能夠發展（才能抽得上稅）。

也就是說，諸葛亮打孟獲，在原則上是一場「資源大戰」，性質好比美帝打伊拉克，是為了它的石油，而不是它的領土；武侯打孟獲亦然，為了銅礦，不為領土，所以七擒七縱讓孟獲心服口服，乖乖將開礦權交給蜀漢管理。

古人對於這種國家級的戰略思考，很少在書中明講，只能自己多讀野史，旁敲側擊推估出真實情境。

又忽然想到，傳說中孟獲之妻祝融夫人，善使「飛刀」，老衲以為應該是「雙刀」法化出的飛刀之技；中國南方人多生於崇山峻嶺中，爬行山野時需要趁手刀刃披荊斬棘，所以雙刀技法風行一時，連《手臂錄》中都有記載：廣西一帶有瓦氏女，善使雙刀，能用於戰陣——這「瓦氏女」或許是當年祝融夫人的傳人。

不過最早期的南方雙刀，大多無「刀盤」（護手），因為在山中爬樹使刀時，有刀盤容易拘束行動；而晚期的雙刀，漸離山而入平地，「刀盤」的設計就多了；這一點在泰刀的出土文物中很容易能夠發現，有機會再給大夥講講。

扯遠了。

史書稱諸葛亮「長於內政而短於軍事」，能夠火燒連環船、七擒七縱孟獲、六出祁山嚇得司馬懿不敢妄動，俺不曉得算不算「短於軍事」；不過武侯的內政的確抓得很好，很會搞錢，武侯年輕時自比「管仲」、「樂毅」，樂毅是戰國時代的天才將領，而管仲則是春秋時代的宰相兼國家財務總管。

管仲最會幫國家搞錢的一招，就是開妓院，以性交易合法國家化，增加稅收；不禁想到如果諸葛武侯真打下曹魏，又開始缺錢的時候，會不會學他的偶像管仲，開國家妓院來籌錢？

一笑，向諸葛武侯千年舉杯。

市場先生的下一步 76
結構性轉變

這個概念雖然前頭說過,不過值得再用另外一個方法再說一遍。

「結構性」的轉變,在投資上非常重要,不過可以舉一個武功的例子說明。

在格雷西家族橫空出世前,世界上一般人理解的格鬥,大多只有踢(腳踢,跆拳道),打(拳打,拳擊),與摔(摔跤、角力等),而格雷西家族出道,公開打了 UFC 前兩屆後,運用美國真人節目的傳播力量,才讓世人知道:原來武功可以有第四種打法,也就是腳踢、拳打、摔拿之外的第四項地面纏鬥壓制技術。

這就是一項「結構性」的轉變,也就是說無論你踢腿踢得多好,遇上會拳也會腿的人也沒用,同理可得證無論你拳打腳踢加摔跤練得多好,遇上前三個都會可是多會一項地板技術的人,你也沒轍。

老衲當年遍學中國傳武,始終覺得這些技術很難在 UFC 爭霸,因為大多傳武技術脫離不了拳打腳踢加摔跤這幾項,沒有「結構性」的差異,你練得再勤再苦,與西方人差異也不會很大。

直到學了「心意六合拳」這種回族系的武功,才發現,原來武功可以有拳打腳踢加摔跤加地板以外的第五種打法,從此

才仰天長笑，封拳不再學新的拳法。

　　投資一家公司，最重要的就是看該公司的產品或服務或整體產業，有沒有「結構性」的轉變，比如 ABF 載板在 5G 通訊普及以後，市場即有結構性的大轉變，又如半導體產業，近幾年還是因為物聯網、電動車等等需求亦有結構性的變化，等等。

　　產業或公司，如果沒有結構性的大變化而只是小打小鬧，那莫就不必浪費時間金錢去投資了。

市場先生的下一步 77

三七開對應科斯托蘭尼的蛋

　　猶太股神科斯托蘭尼有一個著名的雞蛋理論，不過老衲將此理論更深一步細化，可以分成以下步驟來進行：

一，先判斷市場在「悲觀」還是「樂觀」，如果是悲觀中有樂觀、或者是樂觀中有悲觀，即是在混沌不明的等待區，先觀望，不做任何動作。

二，如果在全面悲觀，那麼可以等待「絕望」；從絕望開始，可以算是確立底層。

三，如果是在一片樂觀下，那麼可以等待「狂歡」，只要狂歡的氣氛一出來，那麼就可以確定這是頂部。

四，在底層階段，手上持股應有七成股票水位；在頂部階段，手上的持股也至少應該有三成股票水位。

五，股票水位以拿投資的總資金計算，比如一百萬的投資部位，五十萬拿去買股票，即是五成的股票水位。

六，意即——如果股票價格一直漲，那麼即使沒有去買新的股票，股票水位比重還是在上升；另外，在空頭中即使沒有賣掉股票，持股比例仍會下降。

　　此法最重要的是：以市場的氣氛控制股票與現金比例，即使在最悲觀的時候（仍未絕望），手上仍要握著一定比例（三成）現金；而即使在最樂觀的時候，雖然明知是頭部，手上也要握著一定比例的股票（三成）。

「即使知道是空頭,手上仍要握著一定比例的股票」,這一點,很多股市老先覺都會提醒,至於為什麼要這樣做?留給讀者們自己思考。

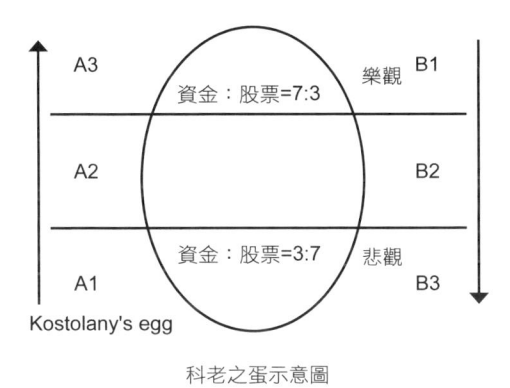

```
           A3  ╱‾‾‾‾‾‾╲   B1  樂觀
            ─ ( 資金:股票=7:3 ) ─
           A2  │        │  B2
            ─ ( 資金:股票=3:7 ) ─
           A1  ╲_____╱   B3  悲觀
         Kostolany's egg
```

科老之蛋示意圖

市場先生的下一步 78

經驗是最好的老師

　　李小龍說過一個比喻:「在陸地上模仿,永遠學不會游泳。」投資市場也是這樣,如果你只是看,或者玩玩那種不需要付出真金白銀的模擬遊戲,那麼是永遠學不會投資的。

　　在模擬交易中見神殺神的高手,一旦他們用自己的錢下場,多半會發現與模擬交易完全不同;所以如果你想要測試某個理論、或者是某種策略是否可行,最好的辦法就是用你自己的錢(當然是無關痛癢的小額資金)投進真實市場交易,而不是單純的推論或虛擬交易。

　　這種小額試單在真實交易中是非常重要的,相當於武功中的「探馬勢」;在戚繼光將軍所寫拳論中,說探馬勢「傳自太祖,(隨換)諸勢,可降可變,進攻退閃,(以)弱生強,(長拳)接短打之至善」——大意是說:探馬勢這招,是宋太祖趙匡胤傳下來的心法,後面可以隨便換許多打法,無論是接擒、拿、摔(降法),或者是左右換架(變法),亦或者進攻、退閃等等,都很方便,而從這個小小的探馬勢子,可以生發出後頭許多厲害的招式;這是長拳接短打,最好的一個樞紐轉換點(至善)。

　　說到長拳與短打,忍不住再多說兩句。

　　中國明代拳譜,多將武功分為『長拳』與『短打』,好比今日散打搏擊將進攻分為遠踢、近打,貼身摔;而國外的綜

合格鬥,其理論更精確一些,故用距離區分,有:腳踢距、拳打距、手法距(英文稱為 trapping range,這一段是李小龍創立的截拳道 JKD 帶給西方人的影響),最後還有抓摔拿距(grabbing range,肘擊與膝撞應該也是此距離)——明代所說的長拳是前兩者的距離,短打是後兩者的距離,而『探馬勢』即是將長拳轉入短打的樞紐。

從以上的觀點入手,會很清楚發現:清代喜歡以內家拳、外家拳來對武功分野,其實清代所謂的內家拳就是明代說的短打型態拳法,而外家拳或許就是明代拳譜中說的長拳型態的打法;不過回族系的心意六合拳,格鬥體系完全不同於以上漢族的思維,便不在此類。

扯遠了,說回投資試單。

投資一筆大單前,老衲以為是非常需要先小額試單的,一方面當然是一次性重壓風險太高,另一方面也是因為手上有單,受人性所趨使才會認真研究這家公司;當然,左側交易之外,即使在右側出清的地方,老衲買過的好公司,儘管出清,也會盡量留著一張半張,以備隨時回頭再用同樣的波段模式再賺一波——股性已然摸熟、賺過的股票,在外在因素相類的模式下,以同樣的方式再賺一筆,總是比研究新公司容易些。

最後忽然想到:股票可以吃回頭草,那麼,情人呢?

在感情世界上,經驗,還是最好的老師嗎?

哎!

市場先生的下一步 79

賭博、投機，與投資的定義。

賭博（gambling）：憑藉「運氣」或者可數字化的「機率」進行的押注。

比如自由戀愛下的婚姻關係，是因為相信自己的運氣夠好、或者單純是按照推算對方的資產報酬與年化現金流足夠支撐自己下半生的開銷。

投機（speculation）：基於「人性」所做出的「猜測」。

比如《大賣空》（Big Short）的主角麥可貝瑞（Michael Burry）觀察到美國房地產的扭曲市場，做出的對賭放空。

抑或者是把小費金額提高且先付後，所得到的升級服務。

投資（Investment）：針對某公司的產品或服務，相信其市場會持續擴大，並看準未來預期現金流會提升，故提前進行的股份買入。

比如養育下一代，或者購買好書（如《老衲作品集》）閱讀。

註：2024年美國大選，有一法國人匿名投機家在加密貨幣博弈平台 Polymarket 上，靠著押注川普勝選大賺一筆。

他是投資、投機，還是賭博？值得大家深入研究一下此例。

市場先生的下一步 80
換位思考

　　有一句在投機炒股領域很有名的話:「賣股票的時候,想想,來買你股票的是誰?買股票的時候,想想,賣給你股票的是誰?」

　　應用這則心法,可以得出「連續上漲的時候不要買股」與「連續下跌的時候不要賣股」這兩項行動準則。

　　而以上說的均可以用四字以蔽之:「換位思考」——科斯托蘭尼說的「想想股票在傻蛋手中?還是聰明人手中?」也是同樣的思考邏輯。

　　其實一個人是成熟還是幼稚,也可以從這條金律中判定;一個幼稚的人永遠只想著自己的需求,而一個成熟的人,總會體諒與照顧別人的需求。

　　向來反感那種誇大自我意識的廣告詞,甚麼「只要我喜歡有甚麼不可以」、「做自己,為什麼要說抱歉?」——這種話屬於催眠小資族與小確幸男女的哄騙話術,在真實世界裏,不照顧、不滿足別人需求的人,十之八九會是失敗的魯蛇(loser)。

　　《教父》中的經典台詞:「我會提出一個讓他無法拒絕的條件。」(I'm gonna make him an offer he can't refuse.)——為什麼他無法拒絕?因為教父的條件,在某種程度上滿足了他的需求。

上次教拳與學生們聊到實戰對抗中的戰術問題，俺道：「各種戰術其實都很好，不過真正不敗的戰術，是讓對手執行他的戰術，此即太極拳論中說：『捨己從人，才不會捨近求遠』的道理。」

　　──「捨己從人」即是「換位思考」，與對手共情，知道且明白對手的邏輯與思考過程，這永遠是最重要的事情。

市場先生的下一步 81
說說Margin這個字

讀經濟學,會學到一個很有趣的英文字:Margin。

Margin 原來的意思,大約是邊緣 Edge、邊界 Border,所謂的大陸邊緣 Continental Margin、社會邊緣 Society's Margins,都是指在主要部分以外的區域的意思。

在財務中,這個字通常被翻譯作「利潤」;因為從「全部」收入上,扣掉「主要」的花費,這個「邊緣」的差額,就是利潤。

在經濟學中,這個字通常被翻譯作「邊際」;好比你吃第一個漢堡時,這個漢堡對你的邊際效益很高,不過隨著吃第二個、第三個漢堡後,雖然每個漢堡都是一樣的,可是邊際效益遞減,你就會越來越不想吃。

(忽然想到:練習老衲的心意六合拳,其邊際效益是遞增的;練第一個把位時很矇,隨著練第二個、第三個……武功會慢慢突飛猛進,越練越順。)

(按照以上理論,就知道內家拳與外家拳的分野,可以用邊際效益來區分。外家拳就是越練,邊際效益越低;內家拳就是越練,邊際效益越高。)

(正如同當年宋遠橋說:武當內家功夫進度較慢,可是後勁無窮,前十年進境較緩,略遜於少林武功,而十年之後可並駕齊驅,而二十年後,武當內家功夫對上少林,則可穩操勝算

矣。)

在金融學中,保證金即是 Margin,所以追繳保證金被叫做 Margin Call;也就是說,你開槓桿,就是只繳了一點點邊緣的錢(保證金),來試圖撬動主要部位——一旦主要部位有損失,擴大到邊緣,你就要擴大這個邊緣的部位,也就是 Margin Call。

了解 Margin 這個概念,可以去理解很多古怪的政治、經濟,與社會現象。

比如規模經濟,就是一種 Margin Cost 近乎為零的現象,因為生產一萬個漢堡與一萬零一個漢堡,成本差別不大;而所謂的「內捲」、「躺平」,也是因為努力與不努力之間,事後所獲得的 Margin Reward 不高,也就沒甚麼動力去努力。

再比如 Margin of Safety,其實這是「護城河」最一開始的概念,當然,這個 Margin 最好是「質化」的保護(可以參考『賣的東西不一樣』篇章),而非「量化」的差異。

另外「斜槓」也是一種 Margin,正職工作賺穩定現金流,另一個 Margin 的斜槓工作可以賺外快;現今世界有許多外拍模特兒動輒上私人油輪、私人飛機出遊,Margin Revenue 甚多,不在話下。

從前聽經濟學時,教授給俺印象最深的一句話是:「當你看到一個看似不合理,卻長期存在的社會事實時,一定是你沒想到這件事實的另一面 Margin。」

年紀越大,越能體會當年教授那句話的深意。

市場先生的下一步 82
股價會持續上漲的信心何來？

　　與「現金就是空氣」、「市場中沒有送分題」、「買賣應該憑藉情緒與氣氛」（等同於別人貪婪我恐懼）一樣，有些股市金句很簡短，卻是怎麼強調都不為過的重要。

　　台灣股市在兩千年以後，本土的主力勢力漸漸消退，外資勢力慢慢興起，很多後生小子沒見過當年主力呼風喚雨的時代，以為台股市場自古以來是個公平透明有規則的衝浪場，那是不懂得歷史。

　　1990 年（民國 79 年）崩盤以前，台股規範不明，算是野生叢林市場；再過來一個分界應該要算是兩千年泡沫，兩千年泡沫後，台灣政府引進外資，某種程度上掃出了原生的市場本土土力，藉著外資金流建立起來一個新秩序。

　　再來一個分界點要算是 2008 年金融海嘯以後的畸形大放水年代；與 2020 年疫情之後的怪異狀況。每個階段有每個階段完全不同的生態系統。

　　彼時主力真的精，有幸與某位主力老前輩吃過一次飯，他老人家說過的很多東西都是泛泛之談，但他有句話頗堪玩味，那就是：「唯一會支撐你相信：『股價會繼續漲』的原因，不過只是因為『之前股價在漲』而已。」

　　大多數處於金融海嘯後的小散戶，總是把「不斷上漲」等同於「強勢股」又等同於「買進訊號」，這不曉得是不是這個

股市紀年的特色,與少年股神的新做法。

老衲是老派人,還是始終相信:炒股千年,一事不變——那就是「人心」!

市場先生的下一步 83
要有口袋名單才不會追價

老衲自小學拳,跟過不少老師;工作上也換過不少工作,跟過不少老闆,跟過最爛的一個老闆叫 Kenx,集所有慣老闆、爛老闆的缺點於一身。

不過人生就是這樣,再爛的老闆也有值得學習的地方;Kenx 最愛說的一句話就是:「人生可以沒有原則,但絕對不能沒有選擇。」這段話的前半句是否正確,見人見智,不過後半句話卻絕對是該奉為人生圭旨的真言。

「不能沒有選擇」的意思就是「做任何選擇前,都要先想好備案(Plan B)」——這樣說或許有點現實,可是現實社會就真的是這樣運行的,不得不服。

運用在炒股投資上,那就是「隨時要有口袋名單」,「口袋名單」的涵義是:「那些還沒下手買,可是有市場潛力的好公司股票」。

無論是新手或老手都常常會犯的一個錯誤是「追價」,尤其是針對那些好公司,買了一點,結果股價直接井噴,於是就會開始追價,越追越噴,下手不斷加重,於是在不知不覺中將自己的成交均價拉到極高的位置;這時候股價只要稍微反轉,那麼很容易吃掉此前所有的獲利。

追價是種高手才能玩的技術,一般來說不太建議輕易追價;不過因為追價是人性常態,要克服很難,最好是有其他的

口袋名單來分散注意力,比較可以避免掉入這個陷阱。

（這陷阱是人類的一個腦迴路缺陷,會忽略已獲得的,而去放大失去的部位。）

口袋名單法則可以運用在任何市場,即便是在戀愛市場,當然也是這樣。

追甲女追不到,改追乙女;追乙女追不到,改追丙女。沉默成本別下太多,以免成癮深拔不出;李敖大師說的:「桃子吃不到了,改吃李子才是正經;不要去緬懷桃子、追憶桃子、痛哭桃子。」

——這就是「口袋名單」的心法重要性。

市場先生的下一步 84

品牌與代工的差別

「經營人脈」，不只是要有共同的利益，更重要的是讓別人喜歡你。

好比台灣擅長搞代工廠如鴻海、緯創，但自己要弄一個獨立品牌卻怎麼也弄不出來；人家 Apple 之所以厲害，就是有「果粉」的支持，無論硬軟體條件如何，就是有人喜歡。

很多講人際關係的書都教你要為別人創造價值，這固然沒錯，不過輸出價值久了、多了，至多也只是個工具人；真正人緣好的不是最「有用」的人，是最「有趣」的人——當然，這個「有趣」要根基於「有用」之上，單單插科打諢別人是不會尊重的。

有用的人是工具人，有用而且有趣的人就是明星；好比手機都有用，而蘋果手機有用而且有趣，這就是代工與品牌的差別。

品牌與代工的差別，不是技術與研發，也不是行銷或專利，而是心理學與文化；心理學與文化有很深的關聯性，因為文化說到底是一種認同感，而認同感，說到底則是一種洗腦技術——這展開說太深奧，偏離主題，有空再論。

近年來投資過最好的品牌公司應該算是 Netflix（美股代號：NFLX），這家公司與其他影片內容輸出商，有一個決定性的差別就是 Netflix 喜歡搞「與當地文化內容結合」的拍片模

式;人類喜歡看的題材其實有一個明顯傾向,那就是會特別喜歡「八成熟悉感,二成新鮮感」的內容,這裏頭「八成熟悉感」當然得出自與自身文化相關。

比如朝鮮半島歷史上曾出現過幾次大饑荒人吃人的時代,所以韓國拍了《屍戰朝鮮》;比如充滿東歐神話與民間故事的《獵魔士》;又比如與台灣合作的《華燈初上》、《人選之人》。都是八分熟悉感,兩分新鮮感的傑作。

從代工到品牌,從工具人到明星,其實都只有一步之遙;不過這一步藏著很深的文化底蘊,有抱負的人要好好思考自己要做什麼人,要投資什麼樣的公司。

要思考。

市場先生的下一步 85

基本面分析的三個維度

　　基本面分析有三個維度，不可偏廢。

　　第一個維度是看公司財報；第二個維度是看整體產業中，這家公司所處的江湖地位與（法）人際關係；第三個維度則是看國際「政」、「經」大勢的環境下，這個產業所處的週期興衰。

　　比如某電動車零件廠很好，可是考慮到整體產業競爭、與國際政治、經濟大勢的影響下，或許就沒這麼好；比如某鋼鐵廠與某水泥廠，一個會受到國際市場價格影響，另一個則較少影響，這好比當年英國搞紡織而荷蘭跑去搞漁業，一個能影響世界而另一個不能。

　　國際政經大勢（所謂的大勢所趨）、產業中群雄（五岳劍派）、還有個別公司財報（最好連競業財報一起看，所謂知己知彼，才能什麼什麼）——這三者不可偏廢。

　　很多人讀了基本分析的書，可是覺得沒有用，那是因為那些書寫的都只是某一層維度而已，提高格局看事情，才能「讀六經（發現）皆我註腳」，而不是「我讀六經如浩海」。

　　而要如何提高格局？這應該——不必老衲多說了吧！

市場先生的下一步 86
打造只贏不輸的策略

一般老師教你策略學，會告訴你每個策略都有優缺點，沒有只贏不輸的策略；不過老衲可不是一般老師，老衲能教你「只贏不輸」的策略。

舉個例子。

川普 Donald Trump 在 2016 年選舉美國總統時，恰好遇到伊朗無端扣留美國水手的事件，川普那時怎麼發言？他說：「如果伊朗不盡快釋放美國水手，那麼我當上美國總統以後，絕對會讓伊朗付出代價。」

大家仔細思考一下川普的話中含義，因為這真是很高明的策略，完全是「只贏不輸」的策略。

推估一下伊朗事後的可能反應：

一，伊朗馬上釋放水手——此時川普可以說伊朗怕了他，所以才放了水手們回家，甚至事後可以去親吻那些歷劫歸來的水手，拉抬個人聲勢。

二，伊朗遲遲不放人——此時川普可以拿這件事情炒作，呼籲美國民眾要投給他這種強硬不按牌理出牌的美國牛仔壞蛋，才能制服如伊朗這般在國際上的大惡人……

有沒有發現？川普此話一出，無論伊朗放人還是不放人，川普都贏。

這不是簡單的話術,這是非常高明的「策略」,而見微知著,能知道川普渾身都是解數,是能人,自然能在社會上越爬越高;很多人總是抱怨為什麼翻不了身,為什麼努力了半天,卻無法提升自己繼承原生家庭而來的社會階層。

　　因為你沒有學習上一個階層的思考方式,與上一個階層的策略模式,要學習這些,非得付出大量的努力與長期的自我對話矛盾與懷疑不可。

　　扯遠了。

　　我們回頭想想在投資股票中,有沒有這樣「只贏不輸」的策略?老衲以為,當然是有的,不過謎底不在這寫出來了,你多讀幾遍《市場先生的下一步》就能想到。

　　老衲的讀者臥虎藏龍,一定可以自己想到的。

市場先生的下一步 87
體感溫度與崩盤的幅度

好像是哲學家休姆說的,「理性是感性的奴隸」,也就是說:人類是一種完全不理性的生物,完全以自己的感覺為主。

就像是原生於寒帶地區的人來亞熱帶的台灣生活,即使再冷的天氣,他們也總是一襲短袖短褲,絲毫不以為意;又像是越老的人會覺得時間過得越快,因為每過一年,相對於二十歲的小孩,那六十歲的老人,逝去的生命「比例」相對較小,所以會感覺時間越過越快。

又好比當年某黨內分左派右派,何謂左何謂右?比最高領袖還右,那就是右派,必須得鬥倒鬥死鬥臭,再踩上一萬隻腳方休──這種左中右的分類,也是按照最高領袖的體感溫度為主。

股市也是如此,看過一本香港大莊家寫的回憶錄,說在97那波金融風暴一役,從萬七跌到萬二,他以為跌到盡頭,於是借滿資金準備部署,結果在98年跌到最低6545點。

這段回憶要參和港股歷史來剖析才會明白。港股歷史上幾次重要崩盤,第一次是 1974 年大約跌了 91%,第二次是 1982 年跌了約 63%,第三次是 1994 年跌了約 40%,再來一次就是 1998 年受 97 金融風暴跌的 61%。

結合那位港股大莊家說的,他從萬七跌到萬二就上滿槓桿準備反攻,這時候差不多跌去三成,合理推算他此前炒股的歷

史，應該只有參與過1994年那次跌去四成的經歷，在1982年跌六成多時他還沒入場。

也就是說：他的體感溫度覺得港股至多會跌四成，所以在跌三成時便急著進場，而最後九八年跌到六成多去，等於是他入場的資金又再腰斬，自然被掃地出門。

這幾年以來少年股神很多，不過大部分應該都沒有見過2008年那種台股能跌掉一半以上的大崩盤場景，所以常常聽到回檔個兩、三成指數就被認為是「血洗」，對於老衲這種股市老賭徒來說簡直是笑話。

那個港股大莊家據說身價從百億級縮減到只有幾億，最終跳樓了結；老衲當時很不理解，認為儘管只有幾億港幣，應該還是能閒閒過好下半生；後來遇到朋友老公，香港名人餐廳老闆，聊起此事，老闆道：「很多有錢人，身家都是借出來的。你看他還有幾億，恐怕背後負債能有幾十億，不跳樓了之，難道拖欠著連累妻兒老小？一跳萬事休，才能給老婆孩子一個重新開始的機會，富豪們都是豪傑，決斷力強，一評估下，知道這是最好選擇，跳就跳囉。」

聽了不勝唏噓。

寫出來也是提醒大家，有空多翻翻股市歷史，才不會被自己的體感溫度所限制；當然如果沒空翻世界股票歷史人全這種書，多翻翻《市場先生的下一步》，也能趨吉避凶。

市場先生的下一步 88
價值蓄水池

這一篇錢少的人不必看；錢多的人，再看。

在現代，價值的蓄水池一般來說分為五種：貨幣、股票、債券、不動產與原物料；你如果有錢，要記得得讓這五個池子裏都有水，才可以互相備援，規避風險。

古人沒那麼好命，儲存價值的方式比較少，東北少帥張學良說過：當年他們一到冬天，全家人包含張作霖的幾房姨太太通通得下場包水餃，然後將凍住的水餃塞滿幾間屋子，只要冬天有窮苦人家上門，他們張家無條件提供吃不完的水餃。

這也是一種儲存價值的方式，古代人力便宜，所以將人力的價值轉換到水餃裏，再將水餃的價值散播給窮苦人家中，只要他們張家需要，一吆喝，那些吃過他們張家水餃的窮苦人家總會有些道德綁架的情感在，而從張家軍去拼命——這就是古代的價值蓄水池，相互奧援的原理。

現代人大多數，都在上述的五種價值蓄水池中轉換，而如果視野擴大到國際市場更好，在舒服宜居的各大國際城市各有一間小套房，帶情人出遊的時候到自己的小套房住著，比啥五星六星級酒店都奢華浪漫。

當然，除了以上五大蓄水池之外，還有一種有錢人必備的價值蓄水池，那就是「藝術品」，當年溥儀出逃北京，整個紫禁城都帶不走，可是帶走了清代滿人皇族搜刮來的藝術品，邊

逃邊換，才熬到日本人給他創立滿洲國再重當皇帝。

二戰時期猶太人出逃歐洲也是如此，希特勒為什麼要搶下藝術品？除了因為他沒考上席勒有考上的那屆美術學院之外，當然也是因為他要為後路做準備；不過這批藝術品很多、據說流落到當時與希特勒合作的瑞士銀行家中秘藏起來，又是另一個故事。

以現代人來說，如果資產擴大到一定階段，其實不該再買房子，多買些便於攜帶的藝術品，可能在風險規避的角度上來說更好；比如藏幾枚吳昌碩、齊白石、趙之謙，或者如今人古耀華老師等人的印，將來萬一像馬雲馬爸爸一樣逃難逃到日本國，隨手扔出幾枚拍賣，生活應該還是可以過得很好。

開頭那句話其實說錯了，該掌嘴，這篇應該是所有人都要看才對，以備你那天不小心變成千億富豪時使用。

市場先生的下一步 89

股價低於淨值是常態

很多人學了一招半式的價值投資,動輒認為「股價已低於淨值」即可以投資多少多少,其實這是大錯特錯的想法。

對於一家沒有前(錢)景的公司,或者說暫時看不到前景的公司,其股價長期低於淨值,是再正常不過的常態現象。

以台北市的那間哥吉拉藝術豪宅舉例;如果有一家公司蒐購了這十間哥吉拉藝術豪宅,一間十億元,那麼是否等於這家公司的股票架價值總和,會等同於一百億元?答案不證自明,肯定不是,而且肯定比一百億低──至於低多少?要看當時的市場貨幣總量決定。

為什麼會出現這個現象?很簡單,設身處地想想:如果我有十億元,會去購買一間哥吉拉藝術豪宅、還是會去買十分之一這家公司的股票?正常人的投資邏輯決策,都會直接去買一間哥吉拉藝術豪宅,而不會去買股票。

在想像中,這兩者之間價值似乎是相等的;可是若我只買了股票,那麼只能期待這張股票價格上漲;但若我買了一間實體的哥吉拉藝術豪宅,我可以粉刷、可以裝修、可以出租給明星富豪、可以開名模性愛趴踢、還可以請政治名流進來唱唱歌⋯⋯

也就是說:股票的價值總和,事實上並不等同於資產總和,也就是股價會較淨值價格有折讓,這是哈佛經濟學教授

Andrei Schleifer 的一篇關於非效率市場的金融學論文所推導出的結論，可不是老衲瞎講。

按照這篇金融論文的結論，我們可以知道：如果對於一家業務沒有展望的公司，該公司的股價低於淨值，這是「合理」價格，而並不是市場低估的價格；若是單單拿著幾本上世紀落伍的價值投資書籍，認為股價低於淨值就可以按照價值投資心法買入，長期來看，未必正確與合理。

股票與期貨在某一個剖面，其實有點像，買的都是「未來」而不是「現在」或「過去」；好比台灣古早時代的習俗童養媳，童養媳的出現，是因為當時結婚，男方付出的聘金聘禮價格非常之高，所以有些精打細算的家長，不如在男孩還未長成時，就先去孤苦農家蒐購未成年的女孩，通常比男孩大個一兩歲，可以照顧男孩長大，也可以省去未來成年結婚時所需資付的費用。

從這個角度看，童養媳其實是一種期貨或股票投資行為，提前買入，等待未來開花結果。

看未來，不被數字化的參數如淨值等所錨定，才是炒股投機的真髓。

市場先生的下一步 90
景氣是貨幣在跳舞

曾經問過老師，景氣盛衰的本質是什麼？老師回答：「我不曉得，不過佛利民（Milton Friedman，張五常翻譯作佛利民）說過，景氣不過是貨幣在跳舞。」

佛氏是二十世紀的貨幣大師，解釋每一件事情都喜歡用貨幣解釋，比如他的另一句名言「Inflation is always and everywhere a monetary phenomenon」，也是這樣。

佛利民的理論直接與間接，在 1970 至 80 年代搞垮了智利經濟，不過這不妨礙他在 76 年獲得諾貝爾經濟學獎，與他在白宮中的崇高地位。（有時候忍不住會想：為什麼有許多思想大師在歷史上都很受統治者所尊重倚賴呢？如胡適與蔣介石？是不是因為統治者需要倚賴思想大師的理論高度，來忽悠底下的賤民們順從服貼？哎，小人之心了。）

很仔細地想過佛氏的貨幣解釋是否正確？結論是：唯物主義的觀點上似乎正確，但他沒有考慮到人性。好比日本人的民族性，會在景氣蕭條的時候造成一種噤若寒蟬的效應，此時政府如何超發貨幣，都沒有用；當然日本衰退三十年這題，也可能是像辜朝明說的，資產負債表中有黑洞沒補上，才會造成超發貨幣仍然繼續緊縮的怪異現象。

關於景氣，凱因斯說的可能比較合理。凱氏認為景氣好等於人們對未來預期的報酬高，而景氣不好，則是因為人們對未

來的預期報酬低——這一點即將人性考慮進去對於反應景氣的因素,不過預期報酬很難量化與標準化,也就很難討論與鑽研下去。

無論如何,佛氏的景氣貨幣跳舞說,還是話講得很漂亮。每次遇到景氣衰退時一片絕望時,可以想想這不過是景氣在跳舞;而遇到景氣火熱形勢一片大好時,也要想想,還能持續多久?小步舞曲跳著跳著,終究會散場。

忽然想到《紅樓夢》與1929年、1987年等的崩盤現象,都是沒有任何預兆就開始向下崩,其實在市場中「都是好消息就是最大的壞消息」,而「都是壞消息就是最大的好消息」,這點一定要牢牢記著。

市場先生的下一步 91
觀察背後的板塊

　　歷史老師李天豪說過一句很發人深省的話:「評論政治人物在檯面上的作為,意義不大;觀察這些政治人物與其政黨,檯面下是哪些群眾板塊在支持,才會明白他們這些表面作為的本質。」

　　——看檯面下,不看檯面上,多有智慧的一句話。

　　寫小說也是如此,有些小說賣得好有些小說賣得不好,其實單從寫作技巧上看,未必看得出規律,但如果從背後的群眾板塊支持來看,就能明白,真正的寫作高手,厲害在選題(材);這好比下廚,真正厲害的廚師是「會選食材」與「能看人下菜」,而不是千篇一律做一些「玉笛誰家聽落梅」這種高難度技巧的米其林式大菜。

　　買賣股票當然也是,有時候某些股票籌碼鬆動,未必是公司有什麼壞消息;比如前幾年許多保險公司因為防疫險賠償的緣故,私下大賣手上的績優股,這種即算是非戰之罪的下跌。

　　不過更需要注意的是:公司的產品與服務,背後都是誰、誰、誰在買在支撐?好比Tesla與比亞迪的電動車,背後分別是誰在買?又好比中租-KY(5871)與裕融(9941)的錢,背後是哪些人分別在借?又比如宇瞻(8271)與十銓(4967),一個打的是Apple、工控與車用,另一個打的是電競。

　　忽然想到,做人亦是如此,善良的人,總是比心眼壞的人

多一點旁人支持,善良不但是選擇,更是人生的最佳策略——老衲性格雖然尖銳偏激又口無遮攔,不過人生走到現在,總算每次危難關頭都有貴人相助,應該也是俺始終堅持善良、厚道的緣故吧!

市場先生的下一步 92

來回炒是好策略嗎？

很多人認為一支股票是可以「來回炒」的，老衲期期以為不可。

甚麼叫「來回炒」呢？比如你買進一支股票在 10 元（這是買點 A），而後等它漲到 30 元時賣掉（賣點 A），等它跌回 20 元時再買進（買點 B），然後漲到 70 元時再賣掉（賣點 B），跌回 50 元時再買入（買點 C），最後漲到 100 元時再賣光光（賣點 C）。

這種作法，在想像中的確可以賺到最大利潤；不過在實際操作上，會讓你慢慢變成：「以數字定錨與技術分析」為主的決策模式。

錢少賺一點，其實無所謂；可是如果你的決策模式變成「以數字定錨與技術分析」為主，那麼就會慢慢偏向「賭博」而非「投機」或者「投資」的模式（請參照第 79 則之定義），長期下來，就很危險。

較好的做法是：只要公司還按照人性（低估或高估）、或者是未來經營發展的劇本走，那麼就打死不賣股票；而如果劇本看錯、或者是劇本已滿足，再將股票售出，這是不按數字定錨的最好做法。從頭到尾不考慮任何數字定錨的因素，才能徹底脫離賭博心態。

炒作股票，不論是投機還是投資，心態最重要，心理結構

一旦亂了套，很難定期穩定地從股市中賺錢；工作也是如此，心態最重要，選擇一種能夠長期穩定地賺錢的模式，比能夠短期賺到大錢重要。

好比妓女。

妓女向來是一個能賺大錢能快速致富的行業，所以很多年輕女孩都會想：『我就下海撈個兩三年就上岸，反正洗一洗，又是新的。』殊不知在做這一行的時候，已經改變了心理結構，一日是雞，終身為雞，最多也只是半人半雞。

能否承受得了這種半人半雞的心理結構，去過下半生，那才是「是否應該下海做雞」的最終考量；如同一開始說的來回炒股法，理論雖然美妙，不過能否使用這種賭博式的心理結構，持續穩定在後續的股市中提款，才是「是否應該採取來回炒股法賺錢」的最終考量。

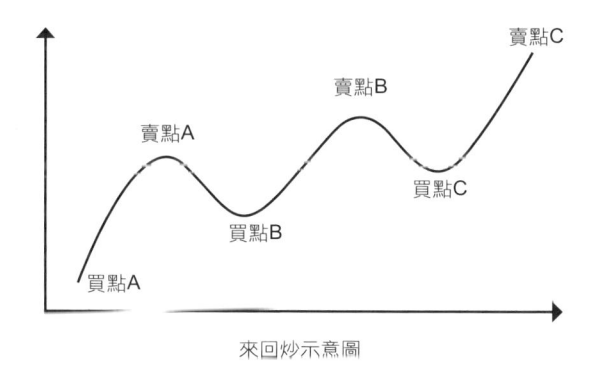

來回炒示意圖

市場先生的下一步 93
多休息與多做夢

在股市中,八成的時間應該要等待或者說休息,其餘兩成時間再來買賣進出。

在股市中,重要的不是努力,而是決策;所以沒有多勞多得、多付出就能多獲得的定律,反而是維持頭腦清醒最重要。

因為頭腦清醒,才能做好決策;炒股的獲利來自於決策,不來自於你多努力。

如何維持頭腦清醒?多運動、多休息,做股票累的時候,可以練練老衲的心意六合拳,也可以登山望海吹風釣魚,最後睡個好覺,維持頭腦清醒。

休息在人生中是很重要的事情,至少與努力是一比一的重要,這是中國古典哲學中的陰陽兩極,陰與陽相等重要才對。

頭腦唯有休息好了,才能好好做夢;股市中做夢比做功課還重要,因為功課做的都是別人給的二手資訊,做夢夢的是自己發想的創意劇本,在資訊的節奏上,能快別人一拍。

(又或者說:看新聞財報與消息面不叫做做功課,真正的做功課是:去理解整個政治、經濟,與產業經濟鏈。)

做不順股票的時候,讀不進財報與新聞資訊的時候,記得休息一下。

祝好夢。

市場先生的下一步 94
選美

選美,是件很有趣的事情。

不知道大家有沒有想過,美,其實沒有絕對值,只有相對值,而且,可能還是一個浮動值。

同一個美女,擺在不同的人的眼中,長相是不一樣的,至少是不同程度的美。

——就好比每個人眼中的紅,是不一樣的紅。

想想:李多慧在台灣人眼中與在韓國人眼中,是不一樣的漂亮程度;而蒼井空與小澤瑪麗亞在外國人眼中,與日本本國人眼中,也是不一樣的性感程度。

可見每個人看到的美女,都是帶著濾鏡的。

不但是帶著濾鏡,更可能是會被調動的。

老衲當年在念大學時有個學妹,常常來社辦跟大家一起鬧著玩。一開始看到這學妹時,老衲並不覺得這個學妹如何出色;可是老衲有個好朋友,天天私下對老衲盛讚學妹是多麼的漂亮,久而久之,老衲再看到這學妹時,不知不覺,也開始覺得這個學妹非常漂亮。

湯唯當年剛拍完《色戒》,大家對她的美,評價非常之高,而後來呢?章子怡更不用說,明明是一樣的人,可是在多次媒體炒作緋聞後,大家看待她的美,總有調上又調下的古怪感受。

始終在大家心目中保持一樣的美,是很難的一件事情。

凱因斯說過,選股票就是選美比賽,要選的,不是你覺得最美的那一位,而是可能會變成大眾心中最美的那一位——當然,看經濟指標,亦復如是。

應當用選美的角度去選股票,要先選出你覺得美、但是大家還沒感受到她的美的股票,買入抱緊,直到大家發現她的美為止。

對了,你心中的第一美女是誰?

市場先生的下一步 95
停利停損與超漲超跌

一道邏輯思辨題：

如果股市沒有超漲超跌，那麼就可以執行停利與停損；
而如果股市中有超漲超跌，那麼執行停利停損就沒有意義。

深入解釋一下，如果股市會超跌，那麼你的停損策略就會是錯的，因為一停損出清，超跌的價格很可能馬上彈回來，多空雙巴；反過來說如果股市不會超跌，那麼代表所有的下跌都有意義，於是你停損出清，是為了避免損失擴大——Make Sense。

也就是說：超跌與停損策略，彼此為互斥事件，無法共存。

當然有人會說：「我可以判斷何時是超跌、何時不是，所以可以判斷何時需要停損、何時不用。」——可是，如果你能判斷何時是超跌、何時不是超跌，那麼超跌就不叫做超跌。

因為「超跌」的意義該是：跌到你理解範圍以外的跌幅，你無法理解的跌幅，那才是超跌——在你理解範圍以內的跌幅，都不算超跌。

除非你認為：整個市場只有你可以看出超跌，其他人都看不出來——那麼你是上帝，你不是人。

最後，我們讓邏輯鏈條倒著推理回來：如果你不是上帝，

你無法判斷市場何時會超跌、何時不會,也就是市場會有意外的超跌現象,此時,你不該執行任何停損策略。

仔細想想這條邏輯鍊,想想。

市場先生的下一步 96
多讀歷史商業公司傳記小說

如何知道別人怎麼想？多讀歷史與小說。

如果知道甚麼樣子的公司會成功？多讀商業史公司史與成功人物的傳記。

從過去的案例中找尋類似的軌跡，從別人的教訓中汲取經驗，這是最快的方法。

曾經很認真地研究過索羅斯的生平，後來看到某華人出了一本《我與索羅斯》的書，大吃一驚，因為索羅斯所有的訪談與傳記中都沒有提過這位華人。

『這位華人大哥，與索氏究竟是甚麼關係？』心底想了想，忽然想起《金瓶梅》中的一種職業──幫閒──立刻打了個彈指，沒錯，這位華人人哥，應該是索氏之幫閒也。

讀小說的好處在此。

很多年輕朋友常常問老衲，想創業想買房，可是父母不幫忙出錢咋辦？俺多答以：請去看巴菲特的傳記《雪球》，看看巴老是怎麼好好打理自己經營自身形象，而達到見誰誰都想投資他的境界。

讀黑石老闆的傳記，你會知道一家公司最重要的管理機制是文化；讀賈伯斯的傳記，你會知道一個好的推銷員是怎麼把不相干的碎片串聯起來，包裝成一個好形象來賣給你的。

真正做職業投資的人，讀的書要夠深夠廣，要能把許多拼

圖與碎片慢慢拼湊起來，串成一片，才能運用自如。

知識都是單點的碎片，比如中國的鋼鐵產量、貨櫃船的報價、電動車在印度的銷量、美國消費者信心指數、聯準會的升息降息、台積電最新的資本支出⋯⋯要把這些單「點」碎片，串成一條「線」，甚至打成一大「片」，才是有用的投資智慧。

很多人認為讀書沒用，其實是他讀書太少；書讀的量需要通過一個 Critical Point 之後才會有用，因為沒過臨界點時，那些片段的單點知識，還沒辦法聯成一大片。

多讀書，準沒錯，多讀好書，把別人的心得融會貫通到自己身上，藝不壓身，那是你終身的寶藏。

市場先生的下一步 97
觀察領頭羊

不知道大家有沒有觀察過羊群？

一群羊中，一定有一隻領頭羊衝在最前面，領著整群羊走；一群人中也是這樣，只要是三個人以上的團體，一定會有一隻領頭羊脫穎而出，帶領著整個團體走。

在人群中要當領頭羊有兩個竅門：第一是要在大家都迷茫的時候，堅定不移地下決定，第二是要能帶領大家打六次勝仗——科學研究顯示，當一個人能帶領團體做出六次正確的決定之後，團體中的部屬，就會開始無條件地相信領袖的指向性。

股市中也是這樣，總會有幾家公司在多頭中單擔任領頭羊的角色。用指標性的數據來看，或許就是每天成交金額最大的頭幾家；這個領頭羊有時會換，有時不會換，而領頭羊的主要作用就是天天創高價，創造波段驚人的漲幅，來吸引還沒進入市場的大眾，將資金投入大盤。

當沒有領頭羊、或者領頭羊漲不動的時候，整個股市就無法吸引小白（初學者）進入市場，而變成同一套資金在股市中來回交易；此時，大盤就會變得很難再持續上攻；而通常大盤上攻無望時，就是回檔盤整或崩跌的時候。

空頭的時候也是如此。一旦有領頭羊確立反攻，那麼其他的羊群就會陸續跟上；因為還沒入場者通常都是被領頭羊的驚人漲幅所吸引，才會將口袋裡的儲備資金，投入股市。

如果能理解如何觀察領頭羊,那麼代表:你已從散戶心態慢慢轉換到大戶心態,勝券可期。

祝好運。

市場先生的下一步 98

運氣也是實力的一部份

　　股市闖蕩久了,會有一個感覺,其實很多時候賺到大錢,是靠運氣。

　　在這世界上只要活得夠久,即使再鐵齒的人,也不能否定運氣的存在;而要怎麼讓自己有好運氣呢?答案只有一個:積福。

　　積福是甚麼?多做好事。好事是甚麼?就是無條件幫助他人的事。一個人只要心向善、常常幫助他人,累積到一定的能量(福),肯定運氣能夠慢慢變好──這是不需要《了凡四訓》或者《吸引力法則》宣傳,就能夠確定的真理。

　　想賺錢,尤其想賺你命中原本沒有的錢?

　　請先積福。

市場先生的下一步 99 ——

謙卑、謙卑、再謙卑!修正、修正、再修正!

　　玩股票,最重要的一個人格特質就是「謙卑」。

　　每個人在市場上都會有偏見,也才會有市場上不同時間段的不同成交價;而重要的,不是去嘲笑或爭論這些偏見,而是去利用這些偏見賺錢。

　　Be "HUMBLE",這是第 99 課要教你的第一件事。

　　另一件事就是要記得「修正」。

　　有科學研究指出:人類 25 歲之後的腦迴路就已定型,九成九以上的人,在此之後很難改變對某些想法的成見,比如政治偏好、比如對於道德社會的價值觀等。

　　該研究的目的,是想告訴你:不要與超過 25 歲以上的人類,做基本信條的爭辯;因為那沒有用,該人類已無法更新的他的腦迴路。

　　不過我們可以從另一面,更樂觀的想法來思考:如果我們能夠在 25 歲之後,主動發心,持續地更新與精進自己對於某些特定事物的看法,那麼長期來看,我們能夠勝過九成九以上的人。

　　玩股票賺錢,也需要不斷地更新自己的想法與做法。

　　這本書是老衲玩了幾十年股票以後,大浪淘沙,留下來的

一些做法與準則，寫出來分享給讀者；但還是希望所有讀者，都能不以此為限，精進出各自的更好做法，賺到讓你自己翻身、能夠再上一個社會階層的金錢。

過程一定很辛苦，也一定會有很多自我懷疑；但是就像《獵人》漫畫中說的，真正的寶物，會在旅途中出現——你要享受這個改變自己的過程，要享受這個慢慢相信自己單槍匹馬就能在股市中年年提款超過百萬、甚至千萬以上的能力。

這本書的寫作不敢說是嘔心瀝血，起碼也是費了九牛二虎之力；單獨的每一篇其實都可以延伸出一本書的厚度——市面上的很多投資類書籍，都只是靠其中的一兩個概念，加一堆舉例範例圖表閒談，就寫成一本書；不過老衲不這樣做，因為老衲想一次教完你所有重要的事。

人到無求品自高——老衲不是教讀者們賺錢，而是想教俺的讀者：認真地去過好生活，而具體擁有能夠掌握自己人生的賺錢能力。

加油。

市場先生的下一步 100

輕舟已過萬重山

這一本是寫給自己看的書,總結了炒股幾十年的九十九種心法,寫得過癮,希望讀者們也看得過癮。

其實買賣股票很容易,只要遵循以下:

一:思考該公司未來有何契機(Trigger Point)?

二:買入時該公司是否為弱勢股、低人氣股,且此時獲利在歷史低檔?

三:賣出時該公司是否為強勢股、高人氣股,且此時獲利在歷史高檔?

四:記得利多不買,利空不賣;人棄我取,人欲我予。

好好練習以上四點心法,大富大貴不敢說;但要說在股市年年賺取一些小小外快零用,應該是可以的。

歡樂的時光總是過得特別快,一下就到了最後一篇,想起這本書在網路上連載的時候,被許多網上酸民吐槽諷刺,一度想罷寫不幹了,最後還是堅持寫完。

木心說:「要跟讀者保持距離,因為是交淺言深。」老衲在網上也寫了幾年,對這句話越來越有感,讀者們不但是「交淺言深」,更是「翻臉無情」的一種生物;沒有堅定的信念,真的很難持續寫作。

最後忽然想起古人的一首詩:

兩岸猿聲啼不住,

輕舟已過萬重山。
──我們下本書見！

附錄

四篇小說

最初會想寫這本《市場先生的下一步》，是為了宣傳老衲寫過的其他作品；所以明知與這本書的主題不符，還是想放幾篇短篇小說在最後，讓讀者們看看不同面目的老衲。

　　相信我，你會喜歡的。

用現代筆法重寫三國演義

祁山，五丈原軍用機場。

這日夜裏的天空如墨，既無眾星閃爍，也無明月暈輝，天地間一片漆黑，只有江邊二人身旁的小兵立著的火把，一鑠一鑠映照著這一老一少的臉龐。

北方下來的冷氣團越過渭水之後更加寒冷，江風陣陣撲在諸葛亮的臉上，讓他忍不住又咳了出來，「張郃這次應該是逃不掉了……」他說，又裹了裹那身火紅也似的軍裝，手一擺，又下令道：「用無線電傳令下去，讓王平給他個痛快，不留活口，將張郃整支隊伍通通用點五零機槍打碎在木門道山谷裏頭。」

姜維一臉肅穆，雙眉糾結在一起，道：「丞相，張郃……張郃他可是害死丞相愛徒馬謖師兄的罪魁禍首，這……」

諸葛亮冷冷地看了姜維一眼，「伯約*，你是真不懂還是假不懂？他不死，哪還有你甚麼事？別在我跟前說這些假話。」

姜維額上冷汗直冒，跪下磕頭不止，只道：「維……維……決不敢，丞相……維……」

「站起來吧！我已看先帝演了一輩子哭戲，真沒耐煩心再看你們這些小青年繼續演戲。」諸葛亮冷哼一聲，又道：「放心。這次我否決了魏延的奇襲戰術，又撥給了楊儀一支伏兵隨時可以聽命斬殺魏延，而其它我帶出來的人裏頭，沒有人能是你的對手……」

諸葛亮眼窩凹陷，臉頰乾枯，說話時有氣無力，可是身為主宰蜀國海陸空軍三十餘年來的總司令，說話自有一份不可質疑的威嚴，「宮中那些人，郭攸之、費禕、董允、向寵，都只是治世能臣，而並不是亂世之梟雄；他們這些人只知循規蹈矩，這樣的乖乖牌是沒有能力扭轉乾坤，將蜀國帶出益州的。」

諸葛亮注視著姜維，那眼神彷彿要看透到他靈魂深處，「我時間不多了，我要再問你一次：伯約，你要在我身故之後完全掌控蜀軍，並且帶著阿斗回到洛陽，坐上他們劉家人應該坐的位置⋯⋯你說，你缺乏的是甚麼？」

姜維的眼睛噙住眼淚，他知道這是他的恩師—人稱神機妙算的諸葛臥龍—正在交代後事。

「我知道，我缺乏的是一場大勝利。」姜維道：「我在軍中的威信還不夠。我需要一場帶領蜀軍勝利的大軍功，只要這次我能打開漢中的這一線缺口，殺入魏國，拿下長安；那麼在丞相百年之後，我就有機會接任蜀軍總司令的位置。」

「正是如此。」諸葛亮露出了一絲不易察覺的微笑，說：「不要讓幼常*白死了。」

他拍了拍姜維的肩膀，像是一個慈父囑咐著愛子，又道：「走吧！亮，祝你們馬到成功。」

姜維立正，向諸葛亮行了一個俐落的軍禮，隨即轉身小跑步到不遠處整齊停放的一排排單翼轟炸機，每台轟炸機旁，都站著一名從蜀漢空軍學院畢業的應屆高材生。

諸葛亮扯開喉嚨大喊：「孩子們！讓我們在長安城頭痛飲！」

三百台轟炸機的座艙門同時打開，而姜維，翻身進了最前

頭的那台。

——這一天,先帝已等得太久、太久了⋯⋯

三百台的轟炸機同時啟動,大地被引擎的轟鳴聲震得隱隱作響,一架一架的翔翼閃爍著指示燈號飛向夜空,姜維的轟炸機最先升到要進入平流層的高度,在進入平流層之前,他將機翼輕輕地向左擺動了一下,而跟在他其後的戰機也跟著他,一架一架在飛入平流層之前,都將機翼向左輕輕擺動。

諸葛亮筆直地站在江邊,雖然此時他的背,痛得連要維持站立的姿勢都很困難;但他堅持要看完這三百架轟炸機一架一架地飛向看不見的雲端,他知道,那向左輕輕擺動的機翼,是視他如父的空軍少校姜維對他最後的道別。

「這些孩子,不知道最後還能夠回來幾個?」

他口中喃喃說道,轟炸機們很快地隱入夜空之中,而目送戰機遠去的諸葛亮,早已是熱淚盈眶。

* 伯約,姜維字伯約。
* 幼常,馬謖字幼常。

反過來寫的西遊記

《西遊記》如果反過來寫，搞不好更加精彩。

如果《西遊記》反過來寫，會是怎麼樣的呢？可能會是這樣的：

西天佛祖派出二徒弟金蟬子，化身為人，扮為三藏大法師，收了一隻不知來歷的猴精做護法，準備要向東方的道脈天庭發動一場宗教戰爭。

西天佛祖命金蟬子帶著他的四十二卷佛經，前往當時俗世（地球）上最大的東方帝國大唐，宣揚祂佛教的奧義與真理；可是當時的大唐帝國，人人信奉的是道教三十三天外天的各路神仙，哪裏有佛教的半分餘地？

「說不得，只得隨機應變，拼了！」西天佛祖心底暗道。

祂將金蟬子的俗名（在地球上的名稱）改為「唐僧」，意思是「要代表西天佛祖到東方的大唐傳教的僧侶」。

在往東的過程中猴精先後斬殺了許多道脈天庭放出來的妖魔鬼怪，這些妖魔鬼怪大多數都是天庭中的神仙扔出來阻礙金蟬子與猴精的，這些妖魔鬼怪可能是一把拂塵、一隻青牛座騎、甚或是神仙們棋盤上的一顆棋子。

神仙們賦予了這些活物或死物仙氣，故而成妖，神仙們刻意釋放出來這些妖，為的正是在金蟬子與猴精來的路上刻意的先絆住他們，不讓金蟬子與猴精帶著佛經來到東方的道脈天庭管理下的俗世（大唐帝國）傳教。

這些天庭放出來的妖魔鬼怪好比扶桑陰陽師善使的式神，

有體無魂,需要施術者給牠們一個具體的指令。

於是天庭的神仙們放出了一個埋藏在所有妖魔鬼怪心中潛意識的終極發動指令:「吃唐僧肉可以長生不老。」

所謂的唐僧,當然指的是金蟬子;而所謂的長生不老,指的是讓這些只是沾了神仙氣的妖怪,能夠脫離原形的生命模式,而往道庭三十三天用神仙的生命形式居住。

於是各路東方天庭派出來的妖魔鬼怪,見了唐僧便如鯊魚見血螞蟻聞糖,紛紛撲上去糾纏曖昧;而金蟬子定性不夠常常動搖於道佛兩邊,更有幾次差點倒戈投向道教天庭,卻每每還是被護法的猴精勸住,懸崖勒馬。

在一路斬殺與擺脫這些妖魔鬼怪時,金蟬子與猴精也找到了幾個志同道合的夥伴;牠們分別是:豬妖、骷髏魔,還有被天庭定罪因而逃亡的龍族王子。

豬妖原本只是一頭無思無想的肥豬,因為在仙女下凡時靠得太近了給推了一把,沾上仙氣而變為妖;而骷髏魔原本只是流沙河下的一個無名骷髏頭,因為給幾個仙童撿起來當球踢,打碎了天庭的琉璃盞而染上仙氣,因而成了骷髏魔。

做豬妖的那豬恨極了,因為牠只想做一頭無思無想整日吃吃喝喝的豢豬,並不想成為一隻人見人怕的豬頭人身的怪物,連找隻發洩用的配偶都如此之困難。

骷髏魔也恨極了,牠原本在流沙河下沉睡了千年,現在卻每天不得不吃一整隻人才睡得著,不然肚子中那飢餓的空洞轟鳴聲會吵得牠雙眼發紅惡夢連綿。

更不要說那被定罪而逃亡的龍族王子了,牠恨極了萬年前在道庭上鬥爭而失敗的龍族祖先,更恨極了這一屆的玉皇大帝,祂將龍族打壓到只能躲比三十三天外天低幾百萬里的地下

河海之中。

牠們三各自帶著不同的目的,但都想要對天庭復仇,所以加入了金蟬子與猴精的團隊。

最後由於猴精的武功高強,與豬妖、骷髏魔、龍族王子等的團隊合作;金蟬子一行人順利的通過了八十一道道庭派出的阻撓妖魔,終於到達大唐帝國。

金蟬子更通過與大唐皇帝互認兄弟的條件交換,取得在大唐帝國傳播佛教的許可。

金蟬子道:

「我最多認祢為哥哥,可不能認祢為爹爹——如果我認祢為爹,那祢豈不是與我師父同輩?那我還要怎麼傳我師父西天佛祖的教義呢?」

據說,金蟬子當初是如此委屈地與大唐皇帝談條件的。

裝孫子雖然可恥,但很有用——大唐皇帝最後還是封了金蟬子一個封號:「玄奘」——意思是你這小子太會裝了——玄奘者,選擇性的裝孫子者也。

在宗教戰爭的層面上講,原本算是大獲全勝的;可惜猴精卻不知足,偏偏要節外生枝。

猴精說:「我要趁勝追擊,一口氣將道庭完全整垮。」

牠一路打殺過來,以為道脈天庭的武力不過如此,牠不聽金蟬子的勸告,獨力一人一棍殺上天庭,要活捉玉皇大帝到西天去請功。

猴精一路打進南天門,殺敗十萬天兵天將,又打敗了四大天王與天庭最受寵愛的托塔與哪吒兩位大將,驚得連玉皇大帝都躲到情婦王母娘娘在崑崙山鄉下的秘密別墅,暫時避避風頭。

後來是天庭長老太上老君請出了早已下野在灌江口當閒差的二郎神，才勉力將猴精擒住。

玉皇大帝最後還是找西天佛祖談判：「我這香火地盤都已經讓出一半給祢，可祢麾下的猴精，還是想要將我們道庭斬草除根完全殲滅——這，是不是太過份了一點？」

西天佛祖搖搖頭說：「這猴精的作為完全與我無關。」祂頓了頓又說：「這樣吧，這鬧事的猴精，我親自將牠壓在五指山下，可是祢玉皇大帝也要給我五百年的時間，讓我佛教能在大唐帝國好好做五百年的傳教思想工作。」

玉皇大帝立時與西天佛祖擊掌為誓，在祂看著西天佛祖親手將猴精壓在五指山下後，作為政治回禮與面子工程，祂也親自封了猴精的夥伴豬妖與骷髏魔兩個天庭的虛銜，天蓬元帥與卷簾大將。

至於那位龍族王子，玉皇大帝只是讓雷神與閻羅王勾消了牠的罪籍，眼不見心不煩。

「龍族覬覦我道庭帝位數千年……可不能再封牠什麼了。」玉皇大帝喃喃自語。

故事的最終，只有豬妖與骷髏魔年年到五指山上香，紀念牠們那被五指山壓扁的猴精老大哥。

「當年……當年若我與骷髏魔弟都聽哥哥的話就好了……咱兄弟三人一起殺上天庭，可可與那二郎神撕打的時候，未必不能幫上忙……」豬妖一把鼻涕一把眼淚地哭著說。

骷髏魔卻面無表情，只拍了拍豬妖的臂膀，說：「還記得這次在天庭大會中當眾被拉走的太上老君嗎？二郎神就連回頭看祂一眼，都不敢回頭看啊！」

豬妖哭著說：「他奶奶的，祢說的俺全知道，但是……但

反過來寫的西遊記　263

是俺這心裏話也只能在這說說，不然還能怎麼著？學李奧納多拍一部《千萬別回頭》嗎？操！」

水滸傳的真正結局

據說《水滸傳》第七十回後真正的結局是這樣的：

卻說那一百零八條好漢在梁山泊聚義後；眾人議定，以及時雨宋江與玉麒麟盧俊義為首，智多星吳用領著各山頭統領為次捻香，由入雲龍一清道人公孫勝主行齋事，一連七天。

到了第七天上，宋江特令公孫勝向上天稟報，寫一紙文書符命，奏聞天帝。

是夜三更，公孫勝設天馬無上壇，他自己在壇中第一層，宋江、吳用、盧俊義、豹子頭林沖、花和尚魯智深等眾重要頭目在第二層，而其餘鼓上蚤時遷、出洞蛟童威、飛天大聖李袞等等小頭目在第三層壇祭拜。

不多時，只見天上忽一聲響，如裂帛似，眾人抬頭一看，頭上烏雲滾滾卻分出一道金光，射人眼目，雲彩繚繞，不可逼視。

說的遲、那時快；一道電光從那天上金光處閃動，正正擊中那天馬無上壇前方的一塊青石處，公孫勝歡聲道：「成了！玉皇大帝降旨了！」

不等眾頭目反應過來，宋江便手一揮，指揮道：「一眾小鬼，還不快挖那青石處！」

那行者武松與林沖動作最是快捷，一翻身，便已從壇中第二層跳下，撲向那青石處，下自有各小頭目遞來鐵鍬鐵鋤不提。

只見那青石往下挖深約有三尺，便掘到一本玉刻書本，裏

頭鐫刻著三十六天罡、七十二地煞之數，其上天罡地煞之名各配容貌，恰恰與那一百單八條好漢的姓名與相貌匹配，自此梁山泊好漢們紛紛知道自己是上應天命的神仙轉世，是玉皇大帝命他們下凡來統治江山的。

梁山泊各寨歡聲雷動，士氣大振；宋江命人擺下三天三夜酒食犒賞各寨，卻也不必細表。

自此之後，梁山泊好漢們無不摩拳擦掌，磨刀練箭，一時雄心無兩，要好好與大宋朝廷幹他娘的一場。

說也奇怪，自從那日玉皇大帝降旨之後，大宋朝廷忽然調動兵馬，將圍攻梁山泊的軍隊通通撤走，宋江、吳用等人初時頗覺古怪，後來才知道是北方的金兵南侵，皇帝們在東京自顧不暇，更哪有心力去管這群梁山泊的盜匪呢？

盧俊義、林沖、武松們一聽到飛鴿消息說金兵南侵，各個都是眉頭深皺，心神大亂；卻只有那宋江拍手大笑，連稱大妙。於是眾頭目們紛紛請教老大：金兵南侵，我大宋朝江山岌岌可危，到底是何妙之有？

宋江大笑道：「天下大亂，形勢大好！敵人的敵人，就是朋友；那金兵既然是高毬與皇帝的敵人，那自然是咱們梁山泊的朋友了。」

那眾人一聽雖覺此論古怪，可畢竟是坐梁山泊第一把交椅的宋江老大的話，那肯定是有道理的；卻只有李逵想不明白，定要追問宋江老大道那金兵屠我大宋百姓，雖然俺李逵平日卻也沒少殺過平頭老百姓，可是給俺宰掉與給那異族天殺的金人宰掉，還是大大不同，又怎麼稱之為「大妙」、「大好」呢？

最後還是吳用連連使眼色，讓魯智深將那李逵拉下去喝酒吃肉不表。

於是宋江第一先定性金兵南侵是大好，是梁山泊的朋友；第二立時下了一道軍令，要以天下為梁山泊，進行二萬五千里長征工作，配合金兵，剿滅大宋朝廷，活捉高毬。

於是大宋朝廷，便在北方的金兵與東方的梁山泊兩支人馬的圍剿之下，徹底覆滅，可惜的是那高毬始終沒被梁山泊好漢們抓到，據說是遠遁去了一東南方的小島不提。

最後宋江與吳用靠著與蒙古人、女真人三方談條件，將北方大片的土地都割讓出去，才終於讓金兵止步，退出黃河以北的地區，可是那原來的趙家朝廷早就給金兵打的打殺的殺，再也無力一統中原；而此時在各地打游擊的梁山泊好漢們登高一呼，說要下山摘桃子，農民們紛紛支持，終於讓宋江進了東京，坐穩了漢人江山，國號曰：『梁』。

就在宋江封禪登基做皇帝的那天，約莫有數百萬的農民湧入東京，瞻仰宋江皇帝的風采；公孫勝卻默默地在人後搖頭，與吳用說：他想歸隱山林修道去也。

吳用沒有留他，卻對留在宋江身邊的林沖魯智深武松等人，一指公孫勝的背影說道：「或許他才是那個梁山泊最聰明的人。」

在宋江皇帝的登基大典上，他得意得仰天長嘯，讓赤髮鬼劉唐拿上紙墨，將當年在潯陽樓寫得著名反詩重新寫了一遍。

宋江向來喜歡寫打油詩，程度卻不是很高；當年他為起義前寫的反詩是：「他時若遂凌雲志，敢笑黃巢不丈夫！」此時的他志得意滿，將此二句一改：「久有凌雲志，重上井岡山。」

身旁的人俱都鼓掌大讚，紛紛叫好，連詩詞歌賦小令猜謎最是精通的浪子燕青，都說這對仗平仄押韻押得是絕妙好辭的

程度；阮家三兄弟與浪裏白條張順根本不識字，鼓掌鼓得連腳掌都拍紅了。

卻沒有一個人敢問宋江那「井岡山」到底是哪一座山又與梁山泊有甚麼關聯？

是夜當晚，神醫安道全正要幫宋江針灸，因為宋江自從殺了閻婆惜後，天天晚上做惡夢，沒有安道全的入夢針，他根本睡不著。

沒思量到那母夜叉孫二娘卻從宋江的寢宮中出來，驚得安道全將手裏的金針撒了一地；負責宋江皇帝的護衛工作的戴宗趕緊摀住了安道全的嘴，讓他別叫出聲，那可是殺頭之禍。

安道全顫著身，低聲問道：「那孫二娘不是菜園子張青的夫人嗎？那張青可是跟著我們一起從梁山泊出來的老同志啊！」

戴宗急得滿頭大汗，道：「甚麼張？咱梁山泊從來沒有這號人物，你可別造謠，老虎的屁股，摸不得！」

安道全搖了搖頭，想說些甚麼卻最終還是沒說出口，只默默地趴在地上撿他那撒落一地的金針。

次日，宋江本來在上朝的時候想要調集兵馬，去那東南方的小島上抓高毬；可是東北方向卻傳來軍報，說朝鮮半島上的高麗蠻子發神經，居然集結大軍想要進攻宋江的大梁國。

宋江本想派林沖去解決此事，沒想到林沖一聽，嚇得滿地打滾，回元帥府之後更一連數日躲在床上捆著棉被不下床，說他害了不能見風的毛病；宋江無奈，只能令魯智深領軍，調集百萬大軍，去抵禦那朝鮮半島上的高麗蠻子軍。

最後魯智深不辱使命，幾番鬥智鬥勇，終於將高麗蠻子殺退於黑龍江邊，定下了宋江大梁國一朝百年的基石。

魯智深血戰高麗蠻子六年多後，回到東京，卻發現朝廷已不是他原來想的那個朝廷了，而更不是那年一百單八條好漢在梁山泊忠義堂上聚義那些人。

　　首先是孫二娘亂政，自從那孫二娘睡上宋江的龍榻之後，便在宋老大耳邊竊竊私語，說這個不好那個不對，宋老大大手一揮，便將當年跟著他從梁山泊出來的大刀關勝、霹靂火秦明、雙鞭呼延灼，還有小旋風柴進等等一干猛將給下了大獄。

　　連跟宋江老大最好的神行太保，有日行五百、夜行八百里之能的戴宗，都給逼得跳了樓，將他那一對貼滿神行符咒的長腿給摔折了，從此不能神行，也被免除了太保之責。

　　宋江老大的日常護衛工作給換上劉唐頂替，傳聞是因為孫二娘喜歡他那一頭的紅髮，說是夠騷又夠勁。

　　魯智深為人正直，不喜聽那些宮闈秘史的閒言閒語；可當他聽到連玉麒麟盧俊義也給農民暴打一頓，折磨至死，而與智深有過命交情的十八萬禁衛軍總教頭林冲，更在一次山間騎馬中摔落山谷，粉身碎骨而亡時——魯智深真的忍不住了。

　　他直衝宋江宋老大的內宮，從梁山泊時期他便一直是這樣，有甚麼話都對宋江老大直言不諱，而宋老大也從來不以為忤，要他魯大和尚，有話便說，有屁就放，宋江老大更在他魯智深這次打退高麗蠻子之後，親自提了一首打油詩給他，曰：「誰敢橫杖立馬，唯我魯人和尚！」

　　是以魯智深完全不曉得自從宋江老大登上皇位之後，大大的變了。

　　那天輪值皇宮的是劉唐的手下白日鼠白勝，平日裏魯智深根本瞧不起這些位列七十二地煞的鼠輩們，那白勝正要上前阻攔，便給魯智深一腳踢中肚皮，連滾帶摔地倒在一旁哀號

水滸傳的真正結局　269

不已。

魯智深推開宋江老大的書房，卻沒想見撞上了母大蟲顧大嫂衣不蔽體的橫躺在那張從前朝大宋皇宮內傳下來的紫金檀木桌，而宋江老大正對顧大嫂行那魯智深也不好意思看的那檔事。

魯智深驚得滿頭汗，他知道宋老大變了，可他真不知道原來變得如此之多；他連忙退開低頭，閃在一側，而是顧大嫂先發覺了他，叫了起來，宋江老大卻只瞄了魯智深一眼，更不打話，自顧自地先死死按著顧大嫂，直到悶哼一聲，完了事，才揮了揮手讓顧大嫂出去。

待顧大嫂出門之後，宋江黑著臉，一言不發地瞪著魯智深，魯智深看著這個跟隨一輩子的大哥，宋江他的臉原來就是夠黑的了，現在更是黑，簡直像是一塊黑炭般死死望著他。

「老、老大……你……」魯智深雖然向來天不怕地不怕，敢一拳打死鎮關西，也敢仗酒拆山門，可他不知為啥就是怕這宋老大，每次給宋老大一瞪，雙膝蓋就不由自主的一軟，簡直想要直挺挺就這麼跪了下去。

宋江道：「魯大和尚，你想來幹甚麼？跟我分一杯顧大嫂的羹？」

魯智深臉紅，頭搖得像波浪鼓，道：「不！和尚哪敢過問？和尚只是想問，那俊義大哥、還有林沖沖哥，怎麼都……」

宋江冷笑：「他們都背叛我！你要問他們倆的事，更還想要問武松、楊志、徐寧、索超、還有楊雄與石秀？難道我擺佈這些人，還要一一向你魯大和尚報告不成？」

魯智深急道：「老大！俺和尚不是那意思！自從梁山泊聚

義以來，哪一次和尚不是站在你這邊？就連那次晁蓋晁天王傳位說『若那個捉得射死我的，便教他做梁山泊主』，明明眾家兄弟都知道是盧俊義活捉了史文恭，可俺和尚不還是堅定地做你的親密戰友？」

提到了梁山泊的上一任主人，托塔天王晁蓋，宋江的臉不黑反白，面上隱隱現出一股殺氣，他道：「盧俊義⋯⋯是他活捉了史文恭無錯；不過我一坐穩了這大梁國的江山，不就傳旨天下，說這皇位將來會傳給盧俊義嗎？我還有甚麼對不起他的？」

「俊義哥哥人稱『大名府玉麒麟』，一身槍棍拳三絕藝，天下無雙，怎麼可能給幾個農民老頭給打得半死不活？最後還活活餓死在家裏？這⋯⋯」一提盧俊義，魯智深也忍不住來了氣，他雖然與盧並無私交，可向來佩服盧的武功與忠厚；回到東京以後，魯智深聽聞盧俊義的下場，憤憤不平已久，這時都將脾氣發了出來。

宋江一拍桌子，道：「那盧俊義自己犯了忌諱，我們大梁國標榜的是農民做主，而他卻是舊朝時的地主員外；李立幫我都查清楚了，那盧俊義在大名府作威作福，欺壓了當時不少良民百姓，後來他雖然上了梁山，可是功不抵罪，他仍是階級敵人，必須鬥爭！」

李立？魯智深腦海中努力想著那外號催命判官的李立⋯⋯當初在梁山上⋯⋯根本沒有這號人物說話的餘地，今日，他卻可以把當年梁山泊第二把交椅的盧俊義盧大哥給活活整死嗎？

魯智深一時感到萬念俱灰，擺了擺手，說：「隨你吧！宋老大，隨你吧！」

宋江原來臉上隱隱做現的殺氣也溫和下來，道：「魯大和

尚，你思想不清楚，回去好好工作工作，有甚麼話，你再寫信給我說好了。」

魯智深當夜，寫了一封長信給宋江，準備第二日便收拾行裝，離開東京回五臺山當和尚去；可是他大門還沒邁出一步，便給孫二娘的手下一枝花蔡慶給抓進大獄裏了。

梁山泊最初的一夥百單八將，在宋江坐穩江山之後，死的死關的關流放的流放，最好的也不過在朝廷領一個虛銜混日子，幾乎沒一個能在大梁國的新朝廷大鳴大放的；只有跟著孫二娘的那三人：笑面虎朱富、鬼臉兒杜興，還有前頭說的捉拿魯智深的蔡慶，跟著孫二娘吃香喝辣，風頭一時無兩。

當然，順利活過大整頓的梁山元老，還有被宋江稱之為「吾之子房」的吳用；不過在宋江老大龍馭賓天的前幾個月，吳用也因為尿血不止而亡。

本來孫二娘屬意，讓宋江老大立下手諭，傳位給醜郡馬宣贊。一來是孫二娘向來喜歡醜男人，相貌越醜的男子越能讓孫二娘來勁；二來是宣贊在梁山泊與後來的朝廷中向來沒人緣，與誰都沾不上靠不上，最沒威脅。

可是那宣贊沒皇帝命，才沒當幾天皇帝，便給剛從天下大赦中自大獄放出來的矮腳虎王英給鬥倒了；王英出獄後聯絡梁山泊的老同志們，雖然失勢但仍在朝廷中的九紋龍史進、插翅虎雷橫等都支持他，最後王英趕走了宣贊，還將孫二娘朱富杜興蔡慶等四人給抓了起來，在菜市口斬首示眾。

矮腳虎王英最後給已經睡入水晶棺材的宋江老大一唾沫，道：

「當年你一入京，就操我老婆一丈青扈三娘操了四十天；現在我一天也沒操還你老婆，只給她砍了頭便罷休——兄弟這

還算是對得起你吧？！」

***

記得有一年老衲在好朋友梁偉賢大師家閒聊，他忽然說《水滸傳》真正的結局應該是這樣的：梁山泊的好漢們最後推倒大宋朝廷自己當了皇帝讓農民做主，結果比原來大宋朝廷的那些腐敗官員更加不堪，這才叫「天道循環，報應不爽」。

老衲當時說：那怎麼可以？大宋朝可沒被梁山泊好漢給推翻啊？

梁大師笑道：創作本來就應該是無拘無束的，君不見衛斯理能在南極遇見北極熊，電影《Inglourious Basterds》中更還加碼讓一群美國大兵與法國姑娘聯手燒死了希特勒與納粹高層？偷偷寫在小說中讓大宋朝廷被梁山泊推翻，又有甚麼稀奇？

梁大師又說：「《水滸傳》如果這麼改的話，寓意遠比原來施耐庵寫的被招安打方臘、或者金聖嘆切去後段只留下天書夢境要好的多；只可惜，當時不論是明代或者是清代，恐怕都沒有人敢寫這種銳意推翻朝廷的反賊小說吧！」

今早醒來忽然想到梁大師之言，便提筆寫了這《水滸傳》七十回後的結局大綱，如果再深想下去，簡直無邊無際，可以有千百萬種設想。

人民作主後仍是人民嗎？

腦袋屁股真的是毫不干連的嗎？

想想，想想！

最短的小說

據說最短的英文小說,是出自海明威 Ernest Hemingway 之手,只有六個單詞:

「For sale: Baby shoes, Never worn.」(賣出嬰兒鞋,未穿過)

老衲一天興起,在朋友的派對被起鬨要寫中文小說極短篇,於是信手捻來一張便條紙,以女人的字跡寫下最短的中文小說。

這篇極短篇恰好也是六個字,自以為能與海氏的六單詞極短英文小說相媲美,得意之至——適逢付梓最後餘墨一空頁,便附在此處給大家欣賞:

```
國家圖書館出版品預行編目
```

市場先生的下一步：透析金融底色,翻轉投資
法則：股海修煉100課 / 老衲著. -- 臺北市
：致出版, 2024.12
　面；　公分. -- (老衲作品集；4)
ISBN 978-986-5573-94-2(平裝)

1.CST: 股票投資 2.CST: 投資技術
3.CST: 投資分析

563.53　　　　　　　　　　113017264

老衲作品集4

市場先生的下一步：
透析金融底色，翻轉投資法則──股海修煉100課

作　　　者	╱老衲
出版策劃	╱致出版
封面設計	╱蔡南昇
製作銷售	╱秀威資訊科技股份有限公司

　　　　　　114 台北市內湖區瑞光路76巷69號2樓
　　　　　　電話：+886-2-2796-3638
　　　　　　傳真：+886-2-2796-1377

網路訂購／秀威書店：https://store.showwe.tw
　　　　　　博客來網路書店：https://www.books.com.tw
　　　　　　三民網路書店：https://www.m.sanmin.com.tw
　　　　　　讀冊生活：https://www.taaze.tw

出版日期／2024年12月　　定價／490元

致 出 版　　　　　　　　　向出版者致敬

版權所有‧翻印必究　All Rights Reserved
Printed in Taiwan